Kochen für Kinder quick & easy

Rezept	Seite	Kalorien/Portion	Preiswert	Vegetarisch	Fürs Kinderfest	Raffiniert	Kinderleicht	Besonders schnell	Ohne Milch & Ei	Fettarm
Zucchini-Kartoffelpuffer	6	294	●	●						
Riesen-Hackfleischpizza	6	501			●	●				
Mexikanisches Rührei	8	490		●			●			
Gemüse-Tortilla	8	384	●	●						
Fleischwurstragout	10	347	●				●			
Geschnetzeltes mit Gurkengemüse	10	331				●		●		
Schnitzel mit Schmarren	12	447			●	●				
Tsatsiki-Schnitzel	12	344			●			●		
Bulgurpfanne	14	439		●					●	
Gebratener Reis	14	555				●			●	
Eiernudelpfanne	16	290					●			●
Broccolipfanne mit Kabeljau	16	238							●	●
Rahmspinatsauce	20	66		●				●		
Tomatensauce	20	313	●				●			
Karottensauce	21	225	●			●				
Erbsen-Pesto-Creme	21	154		●		●				
Schinkensauce mit Mascarpone	22	289					●	●		●
Cremige Sauce mit Corned Beef	22	128	●							
Petersillen-Rahm	24	424		●				●		
Champignon-Bolognese mit Rahm	24	236		●		●				
Kinder-Käsesauce	26	138	●					●		
Oliven-Parmesan-Sauce	26	167		●		●				
Orangenreis mit Mais	28	435	●						●	
Bulgur mit rohen Raspelmöhren	28	204						●	●	
Couscous mit Nüssen	29	274						●	●	
Kartoffel-Tomaten-Püree	29	198				●		●		

Rezept	Seite	Kalorien/Portion	Preiswert	Vegetarisch	Fürs Kinderfest	Raffiniert	Kinderleicht	Besonders schnell	Ohne Milch & Ei	Fettarm
Blitz-Nudeltopf	32	364					●			●
Brühe mit Kräuterbrot	32	661	●				●			
Kartoffelsamtsuppe	34	544					●	●		
Broccolicremesuppe	34	216		●		●				
Linsencremesuppe	36	404				●	●			
Bohnentopf mit Sauerkraut	36	376	●				●			
Kässpatzen	38	495	●	●						
Schichttopf	38	422		●		●				
Nudelsuppe	40	618					●		●	
Spinatreis	40	534				●	●			
Ofen-Pommes	44	652			●		●			
Kartoffelblech	44	595				●	●			
Pita-Pizza	46	664			●		●			
Toasts vom Blech	46	316			●		●			
Chicken-Pie	48	502				●				●
Steak-Auflauf	48	310				●	●			
Fisch-Tomaten-Auflauf	50	451				●				●
Tunfischauflauf mit Brot	50	357	●							●
Broccoli-Fisch-Gratin	52	495	●			●				
Couscous-Auflauf	52	419				●	●			
Apfel-Frittata	56	547	●		●					
Kirsch-Milchreis-Gratin	56	534					●	●		
Müsli-Birnen-Schmarren	58	362	●				●			
Quark-Grieß-Küchlein	58	581	●			●				
Götterspeise	60	537			●		●			
Zuppa Romana	60	560			●		●			

Wegweiser

Feines aus der Pfanne

Wenn's um's Tempo geht, ist die Pfanne unschlagbar. Denn in der Pfanne wird bei starker Hitze in Fett gebraten. Das macht sie so schnell – vorausgesetzt, Sie verwenden geeignete Zutaten.

Welche Pfanne ist am schnellsten?

Je besser eine Pfanne die Hitze leitet, desto schneller garen die Gerichte. Schwere Metallpfannen mit glattem Boden sind ideal – Alupfannen brauchen länger, um heiß zu werden. Wichtig ist fürs Gelingen eine hitzefeste Beschichtung. Ein passender Deckel sorgt dafür, dass beispielsweise Pfannkuchen oder Omeletts schneller stocken, weil die Hitze auch von oben kommt. Die Größe spielt ebenfalls eine Rolle: Ist die Pfanne zu klein, bildet sich schnell Garflüssigkeit – die Lebensmittel dünsten bei unter 100° statt bei 140 bis 200° zu braten. Deshalb lieber zwei Pfannen parallel benutzen, wenn für viele gekocht wird. Fürs Pfannenrühren ist ein hoher Rand wichtig. Noch besser ist ein Wok, bei dem Rand und Boden eins sind.

Braten – aber gesund

Zu viel Fett und zu viel Röststoffe machen Pfannengerichte schlecht verträglich. Das ist vermeidbar:

- Benutzen Sie nur beschichtete Pfannen.
- Nach dem ersten Anbraten – je nach Garzeit – die Temperatur etwas reduzieren, damit das Äußere nicht verbrennt, bevor das Innere gar ist.
- Gepökelte, d.h. rosige Fleischwaren wie Kasseler, Wiener Würstchen, Schinken, Leberkäse oder Fleischwurst nur sanft braten – bei starker Hitze entwickeln sich sonst schädliche Nitrosamine.
- Lassen Sie Ausgebackenes von beiden Seiten auf Küchenpapier abtropfen.

Das richtige Fett für die Pfanne

Fette verhalten sich gegenüber Hitze unterschiedlich – je nach Zusammensetzung. Butter und Margarine, die klassischen Streichfette, enthalten neben Fett auch Eiweiß und Wasser. Deshalb spritzen sie beim Braten und beginnen ab 140° braun zu werden. Sie eignen sich deshalb nur für das sanfte Braten von Eiergerichten. Für pfannengerührte Gemüsemixe eignen sich neben neutralen Ölen Erdnuss- oder Olivenöl – sie enthalten viele einfach ungesättigte Fettsäuren und sind deshalb auch noch bei 180° stabil. Das asiatische Sesamöl ist eher als Würze gedacht. Sie können diese Öle auch für Bratkartoffeln, Puffer, Paniertes und Steaks benutzen. Noch besser klappt's mit Butterschmalz, das bis 205° erhitzbar ist. Für alles, was in Fett schwimmend ausgebacken wird, eignet sich Kokosfett. Wichtig: kalt gepresste Öle sollten Sie nicht unbedingt zum Braten verwenden – die noch enthaltenen Aromastoffe verändern sich bei starker Hitze.

Der schnelle Schnitt

Die Chinesen schneiden alle Zutaten für ihre Wok- oder Pfannengerichte klein – dadurch werden sie im Nu gar. Natürlich kostet auch das Schnippeln etwas Zeit, aber mit ein paar bewährten Tricks lohnt sich die Mühe.

- Für Geschnetzeltes das Fleisch in möglichst dünne Scheiben schneiden lassen. Diese können Sie zu Hause quer in Streifen schneiden.

- Bei bereits fertigem Geschnetzeltem bezahlen Sie für die Würzmischung und das Gemüse natürlich mit. Billiger und besser ist: Das klein geschnittene Fleisch kurz vor der Zubereitung in einen Plastikbeutel geben, mit Gewürzen und 1–2 TL Mehl in der Tüte kräftig durchkneten – fertig ist der Mix.

- Bei Broccoli die zarten Röschen abtrennen und den Stiel in Streifen schneiden.

- Festes Gemüse wie die Broccolistiele, Möhren, Kohlrabi, Zucchini oder Rote Bete mit einer Julienneribe in grobe Streifen hobeln. Diese Reibe schneidet das Gemüse in Streifen.

- Kohl mit einer Reibe in schmale Streifen hobeln. Kartoffeln raspeln. Für Gemüse lohnt sich eine Küchenmaschine, die einsatzbereit in der Küche stehen sollte.

Doch Vorsicht: zu klein sollten Sie nicht raspeln – sonst gibt es Mus und der Biss fehlt.

Gemüsemix

Tiefkühlgemüse für die Pfanne ist gut auf Vorrat zu halten, und Sie sparen sich das Schneiden. Die einzelnen Sorten möglichst schüttfähig naturell einkaufen und nach Bedarf verwenden. Vorher nicht auftauen lassen – das macht sie zu weich. Fertigmixe enthalten eine Würz-Fett-Mischung meist in einem »Kloß«. Wenn Sie diese Würze nicht wollen, entfernen und selbst abschmecken.

Zucchini-Kartoffelpuffer

Preiswert
Vegetarisch

Für 4 Portionen:

1 Packung Kartoffel-Pufferpulver (Fertigprodukt für 15 Stück)
200 g Zucchini
1 großes Ei
Salz · Pfeffer
frisch geriebene Muskatnuss
Butterschmalz zum Braten
3 EL frisch geriebener Parmesan

Zubereitungszeit: 30 Min.

Pro Portion ca.: 294 kcal
7 g EW/22 g F/44 g KH

1 Das Kartoffel-Pufferpulver nach Packungsanleitung mit 1/2 l Wasser anrühren und quellen lassen.

2 Die Zucchini waschen, die Enden abschneiden und die Zucchini mittelfein raspeln.

3 Die Zucchiniraspel mit der Puffer-Masse und dem Ei vermischen und mit Salz, Pfeffer und Muskat etwas nachwürzen.

4 Etwas Butterschmalz in einer Pfanne stark erhitzen. Jeweils 1 EL Pufferteig in das heiße Fett geben, flach drücken und bei mittlerer Hitze kräftig anbraten. Die Puffer nach 3–4 Min. wenden, mit Parmesan bestreuen und von der zweiten Seite goldbraun braten. Die Puffer zum Entfetten auf Küchenpapier legen.

5 Frisch gebacken mit einem großen Klecks Ketchup servieren.

VARIANTEN

Statt Zucchini können Sie auch fein geraspelte Möhren, Knollensellerie, Lauch in feinen Ringen oder 200 g tiefgekühlte Erbsen unter den Pufferteig mischen. Oder auch 4 Frühlingszwiebeln in feinen Ringen und 25 g fein gewürfelten Schinken zum Pufferteig geben.

TIPP!

Statt Ketchup schmeckt auch Tsatsiki oder Möhren-Joghurt zu den Puffern.

Riesen-Hackfleischpizza

Fürs Kinderfest
Raffiniert

Für 4 Portionen:

1 Zwiebel
125 g Sauerkraut
500 g gemischtes Hackfleisch
1 großes Ei
75 g Magerquark
25 g tiefgekühlte italienische Kräuter (oder 1/2 TL getrocknete italienische Kräuter)
Salz · Pfeffer
1/4 TL Paprikapulver, edelsüß
1 EL mittelscharfer Senf
2 EL Butterschmalz
2 Fleischtomaten
50 g Reibekäse
einige Basilikumblätter

Zubereitungszeit: 35 Min.

Pro Portion ca.: 501 kcal
35 g EW/38 g F/4 g KH

1 Die Zwiebel schälen und fein würfeln. Das Sauerkraut eventuell etwas klein schneiden. Die Zwiebeln und das Sauerkraut mit dem Hackfleisch, dem Ei, dem Quark, den Kräutern, Salz, Pfeffer, Paprika und dem Senf verkneten.

2 Das Butterschmalz in einer großen beschichteten Pfanne bei mittlerer Hitze zerlassen. Den Fleischteig gleichmäßig in der Pfanne verteilen, dabei etwas andrücken. Die Unterseite bei mittlerer Hitze braun braten.

3 Die Tomaten waschen, von den Stielansätzen befreien und in dickere Scheiben schneiden.

4 Das Fleisch aus der Pfanne auf einen Teller gleiten lassen. Mit der ungebratenen Seite nach unten wieder in die Pfanne geben. Die gebratene Seite mit den Tomatenscheiben belegen, leicht salzen und pfeffern. Mit dem Reibekäse bestreuen.

5 Den Deckel auflegen und dic Hackfleischpizza bei schwacher Hitze fertig garen, bis der Käse zerlaufen ist. Mit Basilikumblätter garniert servieren. Dazu passt frischer Salat und Baguette.

TIPP!

Servieren Sie die Torte als Riesenhamburger in einem aufgeschnittenen Fladenbrot mit Eisbergsalat und Ketchup.

Im Bild vorne: Zucchini-Kartoffelpuffer
Im Bild hinten: Riesen-Hackfleischpizza

Mexikanisches Rührei

- Vegetarisch
- Kinderleicht

Für 4 Portionen:

5 Eier
75 ml Gemüsesaft
Salz · Pfeffer
50 g Tortilla Chips
50 g Feta
1 Dose Mexiko-Gemüse (280 g Abtropfgewicht)
3 EL Öl
25 g tiefgekühlte Schnittlauchröllchen

Zubereitungszeit: 10 Min.

Pro Portion ca.: 490 kcal
17 g EW/23 g F/55 g KH

1 Die Eier mit dem Gemüsesaft verquirlen. Mit Salz und Pfeffer würzen.

2 Die Chips grob zerbröseln. Den Feta würfeln. Das Mexiko-Gemüse abtropfen lassen. Alles unter die Eier mischen.

3 Das Öl in einer Pfanne erhitzen. Die Eiermasse in die Pfanne gießen und bei mittlerer Hitze stocken lassen. Dabei gelegentlich mit einem Pfannenwender von außen nach innen durch die Masse fahren.

4 Kurz bevor das Ei ganz gestockt ist, die Schnittlauchröllchen über das Ei streuen und mit dem Ei verrühren. Das Rührei mit Baguette servieren.

VARIANTEN

Für Tomaten-Rührei 6 Eier mit 100 ml Milch oder Kondensmilch verquirlen. Mit Salz, Pfeffer und 1/2 TL Basilikum in Öl (aus dem Glas) verquirlen. In heißem Fett unter Rühren stocken lassen, dann 125 g Tomatenstücke aus der Dose über das Ei streuen und untermischen. Würzig schmeckt das Kräuter-Rührei, wenn Sie für 4 Portionen 6 Eier mit 125 g Sahne, 1/4 TL gekörnte Gemüsebrühe und etwas Pfeffer verquirlen. 50 g gemischte, gehackte Kräuter einrühren. 30 g gewürfelten Schinken in 1 EL Butter auslassen und das Ei darin unter Rühren stocken lassen. Auch zur Resteverwertung ist dieses Rührei ideal: Reis, Nudeln oder Kartoffeln anbraten, dann die Eiermasse zufügen und stocken lassen.

Gemüse-Tortilla

- Preiswert
- Vegetarisch

Für 4 Portionen:

50 g geröstete Erdnüsse
1/2 Bund Frühlingszwiebeln
2 Möhren
150 g Instant Maisgrieß (Polenta)
3 Eier
150 ml Milch
Salz · Pfeffer
frisch geriebene Muskatnuss
1 EL Butterschmalz
Für den Dip:
150 g saure Sahne (10 %)
3 EL Ajvar oder Tomatenmark

Zubereitungszeit: 20 Min.

Pro Portion ca.: 384 kcal
15 g EW/21 g F/35 g KH

1 Die Erdnüsse mittelfein hacken. Die Frühlingszwiebeln putzen, waschen und in feine Ringe schneiden. Die Möhren waschen, schälen und fein raspeln.

2 Den Maisgrieß mit den Eiern und der Milch sehr gut verrühren. Das Gemüse und die Nüsse unterrühren. Mit Salz, Pfeffer und Muskat würzig abschmecken.

3 Das Butterschmalz in einer Pfanne bei mittlerer Hitze zerlassen. Die Tortilla-Masse in die Pfanne gießen und bei schwacher Hitze zugedeckt in 5 Min. garen. Die Tortilla mit Hilfe des Deckels oder eines Tellers wenden und die andere Seite in 5 Min. goldgelb braten.

4 In der Zwischenzeit die saure Sahne mit dem Ajvar glatt rühren und zu der Tortilla servieren.

TIPP!

Wer gerne scharf isst, gibt statt Möhren je 1 fein gewürfelte Paprika- und Chilischote zum Maisgrieß und würzt mit Salz, Pfeffer und Chilipulver.

Im Bild vorne: Mexikanisches Rührei
Im Bild hinten: Gemüse-Tortilla

Fleischwurstragout

- Preiswert
- Kinderleicht

Für 4 Portionen:

300 g Fleischwurst
1 rote Paprikaschote
1 Zwiebel
1 EL Öl
3 EL Tomatenmark
1 Dose Balkangemüse (280 g Abtropfgewicht)
Salz · Pfeffer
Paprikapulver, edelsüß
200 ml Tomatensaft
50 g Sahne
dunkler Saucenbinder

Zubereitungszeit: 20 Min.

Pro Portion ca.: 347 kcal
11 g EW/28 g F/12 g KH

1 Von der Fleischwurst die Pelle abziehen und die Wurst würfeln. Die Paprikaschote waschen, putzen und grob würfeln. Die Zwiebel schälen und in feine Ringe schneiden.

2 Das Öl in einer großen Pfanne erhitzen. Die Zwiebelringe darin kräftig anbraten, die Fleischwurstwürfel dazugeben und mitbraten. Das Tomatenmark unterrühren.

3 Die Paprikawürfel und das Balkangemüse dazugeben. Alles mit Salz, Pfeffer und viel Paprika würzen.

4 Den Tomatensaft und die Sahne angießen, aufkochen lassen und bei schwacher Hitze 2–3 Min. leicht köcheln lassen. Mit Salz, Pfeffer und Paprika kräftig abschmecken.

5 Wer mag, kann das Ragout mit Saucenbinder andicken. Dazu passen Kartoffelpüree, Reis oder Nudeln.

TIPP!

Das Balkangemüse können Sie auch durch Tiefkühlgemüse ersetzen.

VARIANTEN

Statt Fleischwurst können Sie auch klein geschnittene Wiener Würstchen oder Bratenreste verwenden. Vegetarier können die Wurst durch Räuchertofu ersetzen – der schmeckt sehr pikant.

Geschnetzeltes mit Gurkengemüse

- Raffiniert
- Besonders schnell

Für 4 Portionen:

1 Gurke
500 g Geschnetzeltes (wahlweise Schweine- oder Putenfleisch)
3 EL Mehl
Salz · Pfeffer
Paprikapulver
1–2 EL Butterschmalz
100 g Kräuterfrischkäse
100 g saure Sahne (10 %)
etwas Zitronensaft
25 g tiefgekühlte Dillspitzen

Zubereitungszeit: 30 Min.

Pro Portion ca.: 331 kcal
32 g EW/18 g F/9 g KH

1 Die Gurke waschen, schälen, längs halbieren, mit einem Löffel entkernen und in etwa 1/2 cm dicke Halbringe schneiden.

2 Das Geschnetzelte mit Mehl, Salz, Pfeffer und Paprika in einen Gefrierbeutel geben, verschließen oder gut festhalten und kräftig schütteln, damit das Fleisch gleichmäßig von Mehl und Gewürzen umhüllt wird.

3 Das Butterschmalz in einer breiten Pfanne erhitzen. Das Fleisch darin kräftig anbraten. Die Gurkenstücke dazugeben und kurz mitbraten. Den Frischkäse und die saure Sahne unterrühren. Das Geschnetzelte zugedeckt 5 Min. köcheln lassen. Mit einigen Spritzern Zitronensaft und Dill abschmecken.

TIPP!

Sie können auch bereits eine fertig gewürzte Gyrosmischung vom Metzger oder aus der Tiefkühltruhe verwenden. Dann lassen Sie die Gewürze einfach weg.

Im Bild vorne: Geschnetzeltes mit Gurkengemüse
Im Bild hinten: Fleischwurstragout

Schnitzel mit Schmarren

- Fürs Kinderfest
- Raffiniert

Für 4 Portionen:

100 g Mehl
3 Eier
100 ml Milch
Salz
4 dünne Schweineschnitzel (je 120 g)
Pfeffer
Paprikapulver
Butterschmalz zum Braten
75 g Maiskörner (aus der Dose)
2 EL Sesamsamen
1 EL Schnittlauchröllchen
frisch geriebene Muskatnuss

Zubereitungszeit: 25 Min.

Pro Portion ca.: 447 kcal
38 g EW/19 g F/33 g KH

1 Vom Mehl 1 EL beiseite legen. Das restliche Mehl mit den Eiern, der Milch und Salz mit dem Handrührgerät 2–3 Min. auf der höchsten Stufe verrühren. Den Teig für den Schmarren quellen lassen, bis die Schnitzel vorbereitet sind.

2 Die Schnitzel flach klopfen. Das restliche Mehl mit Salz, Pfeffer und Paprika vermischen. Die Schnitzel darin wenden.

3 In einer großen Pfanne etwas Butterschmalz erhitzen. Die Schnitzel einmal durch den Teig ziehen. Überschüssigen Teig etwas abtropfen lassen. Die Schnitzel bei schwacher Hitze von beiden Seiten in jeweils 4–5 Min. goldgelb braten.

4 Den restlichen Pfannkuchenteig mit den Maiskörnern, Sesamsamen, Schnittlauch und Muskat verrühren. In einer zweiten Pfanne etwas Butterschmalz erhitzen. Den Teig gleichmäßig in der Pfanne verteilen und goldgelb backen. Den Schmarren vorsichtig wenden und fertig backen.

5 Den Schmarren mit zwei Gabeln in Stücke zupfen und zu den Schnitzeln servieren. Dazu gibt's Ketchup.

TIPP!

Vegetarier können etwas dickere Scheiben von Kohlrabi, Zucchini oder Auberginen verwenden. Auberginen vorher mit Salz bestreuen, einige Min. Wasser ziehen lassen und gut trockentupfen. Die Gemüsescheiben durch den Teig ziehen und von beiden Seiten goldgelb braten.

Tsatsiki-Schnitzel

- Fürs Kinderfest
- Besonders schnell

Für 4 Portionen:

4 Putenschnitzel
1–2 EL Mehl
Salz · Pfeffer
Paprikapulver, rosenscharf
2 EL Olivenöl
250 g Tsatsiki (Fertigprodukt)
etwas Zitronensaft

Zubereitungszeit: 15 Min.

Pro Portion ca.: 344 kcal
30 g EW/22 g F/6 g KH

1 Die Schnitzel flach klopfen. Das Mehl mit Salz, Pfeffer und Paprika vermischen. Die Putenschnitzel darin wenden.

2 Das Öl in einer breiten Pfanne erhitzen und die Schnitzel darin von beiden Seiten bei mittlerer Hitze goldbraun braten.

3 Den Tsatsiki in die Pfanne geben und heiß werden lassen, nicht kochen. Mit Salz, Pfeffer, Paprika und Zitronensaft abschmecken.

4 Mit kräftigem Bauernbrot und eventuell mit gemischtem Blattsalat servieren.
Dazu passt auch Bulgur (Rezept Seite 28).

TIPPS!

Reichen Sie Gurkenscheiben, Möhrenstücke, Tomatenachtel, Radieschen oder Paprikaschiffchen extra zum Essen. Salatmixe sind eine weitere Alternative. Am schnellsten ist Eisbergsalat zubereitet – Sie schneiden ihn nur in mundgerechte Happen und waschen ihn.
Mixen Sie eine Vinaigrette auf Vorrat: 1/8 l Apfelessig mit 3 EL Senf, Salz, Pfeffer, Sojasauce, 2–3 EL Salatkräutern und 1/4 l Olivenöl in einer leeren Saftflasche schütteln, verschließen und kalt stellen.
Wer's cremig mag: saure Sahne und Joghurt 1:1 mischen, mit Kräutersalz und getrockneten Dillspitzen verrühren.

VARIANTE

Wer keinen fertigen Tsatsiki bekommt, kann 150 g saure Sahne (20 %), 100 g Quark (10 %), 2–3 zerdrückte Knoblauchzehen und 50 g fein geraspelte Gurke in die Pfanne geben. Mit 1/2 TL getrockneten Dillspitzen abschmecken.

Im Bild vorne: Tsatsiki-Schnitzel
Im Bild hinten: Schnitzel mit Schmarren

Bulgurpfanne

- Vegetarisch
- Ohne Milch & Ei

Für 4 Portionen:

350 ml Gemüsebrühe
175 g Bulgur
1 Packung tiefgekühlte Broccoliröschen (300 g)
250 g Staudensellerie
150 g Bundmöhren
3 EL Sesamöl
100 g Erdnusskerne
Salz · schwarzer Pfeffer
Sojasauce
gemahlenes Zitronengras

Zubereitungszeit: 30 Min.

Pro Portion ca.: 439 kcal
15 g EW/24 g F/44 g KH

1 Die Gemüsebrühe zum Kochen bringen. Den Bulgur einstreuen und auf der abgeschalteten Herdplatte etwa 20 Min. ausquellen lassen.

2 Den Broccoli auftauen lassen und größere Röschen halbieren. Den Staudensellerie waschen, putzen, Fäden abziehen und in dünne Scheiben hobeln. Die Bundmöhren putzen, waschen, wenn nötig dünn schälen und grob raspeln.

3 Das Sesamöl im Wok oder in einer großen Pfanne erhitzen. Die Erdnusskerne in dem heißen Öl bei mittlerer Hitze kurz anrösten. Das Gemüse dazugeben und unter Rühren etwa 5 Min. anbraten. Den Bulgur unterrühren und heiß werden lassen.

4 Mit Salz, Pfeffer, etwas Sojasauce und Zitronengras abschmecken.

TIPP!

Statt gemahlenem Zitronengras können Sie auch frisches verwenden. Es ist sehr aromatisch und in Asienläden erhältlich. Von dem frischen Zitronengras die unteren 10 cm in die Pfanne geben und nach dem Garen wieder herausnehmen.

Gebratener Reis

- Raffiniert
- Ohne Milch & Ei

Für 4 Portionen:

175 g parboiled Reis
350 ml Fleischbrühe
200 g Kalbsbrät
4 Frühlingszwiebeln
200 g Bundmöhren
150 g Maiskörner (aus der Dose)
3–4 EL Öl
40 g Sesamsamen
etwas Sojasauce
Pfeffer
einige Tropfen Zitronensaft

Zubereitungszeit: 35 Min.

Pro Portion ca.: 555 kcal
14 g EW/27 g F/64 g KH

1 Den Reis mit der Fleischbrühe aufkochen, bei schwacher Hitze etwa 15 Min. ausquellen lassen.

2 Aus dem Kalbsbrät 20 kleine Klößchen formen. Die Frühlingszwiebeln putzen, waschen und in dünne Ringe schneiden. Die Möhren putzen, waschen, wenn nötig schälen und in Streifen raspeln. Die Maiskörner abtropfen lassen.

3 Das Öl in einem Wok oder einer großen Pfanne erhitzen. Die Brätklößchen darin etwa 3 Min. anbraten. Die Sesamsamen und das Gemüse dazugeben und unter ständigem Rühren bei mittlerer Hitze 4-5 Min. braten.

4 Den Reis dazugeben und unter Rühren so lange braten, bis alles heiß ist. Mit Sojasauce, Pfeffer und Zitronensaft pikant abschmecken.

TIPP!

Noch exotischer schmeckt's mit Ingwer - entweder getrocknet als Pulver oder frisch geraspelt.

Im Bild vorne: Gebratener Reis
Im Bild hinten: Bulgurpfanne

Eiernudelpfanne

● Kinderleicht
● Fettarm

Für 4 Portionen:

200 g Chinesische Eiernudeln
Salz
100 g rohes Kasseler in Scheiben
250 g kleine Champignons
200 g Eiertomaten
1 kleiner Zucchino
1–2 EL Öl
25 g tiefgekühlte Schnittlauchröllchen
Sojasauce
Knoblauchpfeffer

Zubereitungszeit: 25 Min.

Pro Portion ca.: 290 kcal
14 g EW/10 g F/37 g KH

1 Die Eiernudeln in reichlich kochendem Salzwasser in 3–4 Min. garen, abgießen, kalt abschrecken und abtropfen lassen.

2 Das Kasseler in feine Streifen schneiden. Die Champignons, falls nötig, waschen, sonst nur trocken abreiben, putzen, größere Champignons halbieren.

3 Die Tomaten waschen, von den Stielansätzen befreien, längs halbieren und die Hälften in dickere Scheiben schneiden. Den Zucchino waschen, die Enden abschneiden und den Zucchino in dickere Scheiben schneiden.

4 Das Öl in einer großen Pfanne oder einem Wok erhitzen. Die Champignons, Tomaten- und Zucchinischeiben in die Pfanne oder den Wok geben, leicht salzen und unter ständigem Rühren etwa 5 Min. darin garen. Das Kassler zugeben und kurz mitbraten. Dann die Nudeln und den Schnittlauch dazugeben und kurz mitbraten. Mit Sojasauce und Knoblauchpfeffer kräftig abschmecken.

TIPP!

An Stelle der Chinesischen Eiernudeln können Sie auch andere gekochte Nudeln oder Reis vom Vortag verwenden – jeweils etwa 600 g. Dann können Sie das Gericht auch Kids, die unter einer Milch- und Ei-Allergie leiden, servieren.

Broccolipfanne mit Kabeljau

● Ohne Milch & Ei
● Fettarm

Für 4 Portionen:

1 Packung tiefgekühlte Broccoliröschen (300 g)
1–2 EL Sojasauce
2 EL Zitronensaft
1 EL Sesamöl
1 TL Tabasco
600 g tiefgekühltes Kabeljau-Filet
30 g Mandelblättchen
1 EL Butterschmalz
50 ml Gemüsebrühe

Zubereitungszeit: 30 Min.

Pro Portion ca.: 290 kcal
14 g EW/10 g F/37 g KH

1 Den Broccoli auftauen lassen. Aus Sojasauce, Zitronensaft, Sesamöl und Tabasco eine Marinade rühren. Den Fisch kurz antauen und in mundgerechte Stücke teilen. In der Marinade wenden und abgedeckt im Kühlschrank ziehen lassen, bis der Rest vorbereitet ist.

2 Die Mandelblättchen in einer Pfanne ohne Fett anrösten und beiseite stellen. Die Fischstücke aus der Marinade nehmen und abtropfen lassen, dabei die Marinade in einem Schälchen auffangen.

3 Das Butterschmalz in einer großen Pfanne oder im Wok bei mittlerer Hitze erhitzen. Den Broccoli darin unter ständigem Rühren 5 Min. braten. Den Fisch dazugeben und unter vorsichtigem Rühren weitere 5 Min. braten.

4 Die restliche Marinade und die Gemüsebrühe angießen und zugedeckt bei schwacher Hitze 5 Min. ziehen lassen. Die Mandelblättchen unterheben, alles würzig abschmecken und mit Reis servieren.

TIPP!

Mit frischem Broccoli und Kabeljau-Filet ist das Gericht ebenso schnell gar, doch Sie müssen vorher den Broccoli putzen und in Röschen teilen, und den Fisch waschen sowie trockentupfen.

Im Bild vorne: Eiernudelpfanne
Im Bild hinten: Broccolipfanne mit Kabeljau

Blitzsaucen, Dressings & Beilagen

Von Würstchen oder Nudeln allein wird kein Kind satt! Und ausgewogen wäre das schon gar nicht. Außerdem rutscht das Essen mit einer samtigen Sauce am besten, denn gesunde Nahrungsmittel lassen sich wunderbar darin verpacken. Schließlich mögen Kinder es gerne, wenn Sauce, Beilage und Fleisch getrennt auf den Tisch kommen – erst auf dem eigenen Teller darf alles gemischt werden. Übrigens: Wenn es schnell gehen soll, kochen Sie die Sauce in der Pfanne – auf Grund der großen Oberfläche lässt sich Sauce schnell einkochen. Ideal dazu: ein Gitter-Spritzschutz.

Nichts gegen Mehl & Stärke

Sie sind zu Unrecht in Verruf gekommen. Natürlich schmecken Saucen mit Butter oder Crème fraîche gebunden toll – aber für die tägliche Familienküche sind sie einfach zu fett. Kohlenhydrate in Mehl, Stärke, Saucenbinder und -pulver dagegen binden ganz ohne Fett. Besonders einfach und gesund ist gemahlenes Hirsemehl: Es klumpt nicht, ist mineralstoffreich und gibt wie Saucenbinder garantiert keine Klümpchen. Sie können es portionsweise im Blitzhacker mahlen. Steht es länger, wird es allerdings leicht bitter. Mehl und Stärke dagegen müssen Sie vorher mit Wasser anrühren. Stärke braucht nur 2 Min. Kochzeit, Mehl mindestens 10 Min. – sonst schmeckt es mehlig. Praktisch ist Mehlbutter: Dazu Mehl mit der 1 bis 2fachen Menge Butter verkneten und die Paste im Kühlschrank aufbewahren. Bei Bedarf kleine Portionen abstechen und in der Sauce kochen lassen, bis sie sich gelöst haben.

Fertigsaucen aufpeppen

- Weiße Grund- und braune Bratensauce lassen sich mit einem Schuss Sahne, Zitronen- oder Orangensaft, saurer Sahne, tiefgekühlten Kräutern, Tomatenmark oder -saft auffrischen. Sehr klein gewürfelte Gemüsereste geben Farbe, Biss und eine individuelle Note.
- Empfehlenswert sind Instant-, Tomaten-, Pilz- und Kräutersaucen – hier haben die Grundzutaten ein kräftiges Aroma.
- Fleischsaucen aus der Dose lassen sich mit Tomatenpüree aufmöbeln.
- Holländische Sauce aus dem Tetrapack ist sehr gehaltvoll. Verwenden Sie die Sauce als Grundlage und verlängern sie mit Gemüsepüree, Instant-Brühe und etwas Sahne.
- Alles, was leicht säuerlich ist, gibt Saucen Frische: Kapern, klein gewürfelte Cornichons, Tomatenpaprika oder Sauerkraut. Aber auch ein Löffel geriebener Apfel oder ein Schuss Zitronensaft.
- Würzig werden Saucen durch getrocknete Pilze, Würzhefeflocken, Kräuterbutter oder Kräuterfrischkäse, Soja- oder Worcestersauce, Senf und Sardellen aus dem Glas.
- Ist eine Fertigsauce am Ende zu salzig und lässt sie sich nicht weiter verdünnen, dann einfach ein Stückchen rohe Kartoffel mitkochen, Milch dazugeben oder mehrere Löffel Honig - am besten eine dunkle Sorte.

Gehaltvolle Saucen können Sie mit Gemüsepüree verlängern. Trockenpilze und Frischkäse geben Fertigsaucen das gewisse »Etwas«.

Schnelle Saucentipps

Sie möchten Bratwürstchen zubereiten und aus dem Fond eine Sauce herstellen? Kein Problem. Dazu brauchen Sie: Tomatenmark, Sojasauce, Kräuterfrischkäse, Instant-Gemüsebrühe, Sahne, saure Sahne oder Kondensmilch und etwas Mehl oder Speisestärke. Klingt viel, lässt sich aber bei näherem Hinsehen problemlos auf Vorrat halten. Überschüssiges Fett zuerst abgießen. Das Tomatenmark im Fond leicht anrösten, mit Gemüsebrühe ablöschen, etwas Sahne dazugeben, Mehl oder Stärke mit etwas Wasser anrühren, aufkochen, mit Kräuterfrischkäse und Sojasauce abschmecken. Für Kurzgebratenes ist kalte Senfsauce ideal: Milden Senf mit Sahne cremig rühren und mit etwas scharfem Senf abschmecken.

Was gibt's dazu?

Einige Vorschläge für schnell zubereitete Beilagen finden Sie auf den nächsten Seiten. Vorab noch ein paar Extra-Tipps:

- Bei Nudeln sind Chinesische Instant-Nudeln am schnellsten. Nach 2 Min. im kochenden Wasser sind sie gar.
- Instant-Polenta und Couscous sind nach 10 Min. Kochzeit ausgequollen.
- Kartoffelpüree aus der Tüte muss nur angerührt werden. Wenn Sie Abwechslung lieben, mit Tomatenpüree, Möhrensaft, tiefgekühlten Kräutern oder Rahmspinat anrühren. Dann entsprechend weniger Wasser dazugeben.
- 5-Minuten-Reis ist zwar superschnell zubereitet, schmeckt aber nicht so gut wie parboiled Reis, der in 15 Min. gar ist.
- Haben Sie gar keine Zeit mehr, gibt's stattdessen Baguette, Pita oder Ciabatta.

Rahmspinat-sauce

- Vegetarisch
- Besonders schnell

Für 4 Portionen:

1 Zwiebel oder 1/2 Päckchen tiefgekühlter Zwiebelmix
1 EL Öl
150 ml Milch
1 Packung tiefgekühlter Rahmspinat (450 g)
1 EL Doppelrahmfrischkäse
Salz · Pfeffer
frisch geriebene Muskatnuss

Zubereitungszeit: 10 Min.

Pro Portion ca.: 66 kcal
4 g EW/4 g F/4 g KH

1 Die Zwiebel schälen und klein würfeln. In einer großen Pfanne Öl erhitzen, die Zwiebeln darin andünsten und mit der Milch ablöschen.

2 Den unaufgetauten Spinat dazugeben und zugedeckt bei schwacher Hitze auftauen und einmal aufkochen lassen.

3 Den Doppelrahmfrischkäse unterrühren und mit Salz, Pfeffer und Muskat abschmecken.

TIPP!

Pikanter schmeckt die Sauce mit Kräuter- oder Knoblauchfrischkäse. Kalorienärmer wird sie durch gehackten Spinat »ohne Blubb« und Frischkäse mit nur 40 % Fett i. Tr.

VARIANTE

Mit Rahmwirsing und Doppelrahmfrischkäse mit Meerrettich schmeckt die Sauce auch super!

Tomaten-sauce

- Preiswert
- Kinderleicht

Für 4 Portionen:

1 rote Paprikaschote
1 Zwiebel
1 EL Öl
2 EL Tomatenmark
4 EL Ajvar (Supermarkt)
200 g Crème fraîche
Salz · Pfeffer
1 EL tiefgekühlte italienische Kräutermischung
1 Glas Cocktailwürstchen (180 g Abtropfgewicht)

Zubereitungszeit: 20 Min.

Pro Portion ca.: 313 kcal
8 g EW/29 g F/4 g KH

1 Die Paprikaschote waschen, putzen und in kleine Würfel schneiden. Die Zwiebel schälen und würfeln.

2 Das Öl in einer Pfanne erhitzen und die Zwiebelwürfel darin etwa 3 Min. anbraten. Die Paprikawürfel hinzufügen und kurz mitbraten. Tomatenmark und Ajvar unterrühren, mit etwas Würstchenbrühe ablöschen und 5 Min. köcheln lassen.

3 Die Cocktailwürstchen abtropfen lassen. Crème fraîche in die Sauce rühren. Mit Salz, Pfeffer und italienischen Kräutern abschmecken, wenn nötig, noch etwas Brühe dazugeben.

4 Die Cocktailwürstchen in der Sauce bei schwacher Hitze in etwa 3 Min. heiß werden lassen. Die Sauce passt nicht nur zu Spaghetti, sondern auch zu Risotto.

Karottensauce

- Preiswert
- Raffiniert

Für 4 Portionen:

1 Knoblauchzehe
75 g ungesalzene Erdnüsse ohne Fett geröstet
1 EL Butter
190 g Karottenbrei (Babynahrung aus dem Glas)
150 g saure Sahne (20 %)
100 ml Orangensaft
1 TL gekörnte Brühe
Pfeffer
frisch geriebene Muskatnuss
1 EL frisch gehackte, glatte Petersilie

Zubereitungszeit: 20 Min.

Pro Portion ca.: 225 kcal
7 g EW/18 g F/7 g KH

1 Den Knoblauch schälen und fein hacken. Die Hälfte der Erdnüsse grob hacken.

2 Die Butter erhitzen. Den Knoblauch und die gehackten Erdnüsse darin bei schwacher Hitze andünsten. Den Karottenbrei und die saure Sahne dazugeben und erhitzen.

3 Die restlichen Erdnüsse mit dem Orangensaft pürieren und unter die Sauce rühren. Mit der gekörnten Brühe, Pfeffer und Muskat abschmecken. Die Petersilie unterziehen.

TIPP!

Statt Möhrenmus aus dem Glas 200 g Karotten putzen, waschen, schälen und in etwas Karottensaft oder Wasser garen und fein pürieren. Schmeckt Ihnen die Sauce mit Orangensaft zu süß, ersetzen Sie ihn durch Gemüsebrühe.

Erbsen-Pesto-Creme

- Vegetarisch
- Raffiniert

Für 4 Portionen:

200 ml Gemüsebrühe
1 Packung tiefgekühlte Erbsen (300 g)
100 g Feta
1 EL Crème fraîche
1 EL Pesto
Salz · Pfeffer
frisch geriebene Muskatnuss
1 EL gehacktes Basilikum

Zubereitungszeit: 25 Min.

Pro Portion ca.: 154 kcal
8 g EW/8 g F/12 g KH

1 Die Gemüsebrühe aufkochen. Die unaufgetauten Erbsen darin 10 Min. köcheln lassen. Etwa 1/4 der Erbsen aus dem Topf nehmen und beiseite stellen. Die restlichen Erbsen mit der Brühe und dem Feta mit dem Pürierstab pürieren.

2 Die unpürierten Erbsen wieder in den Topf geben. Die Crème fraîche und das Pesto einrühren. Mit Salz, Pfeffer und Muskat würzen und einmal aufkochen lassen.

3 Das Basilikum unterrühren. Die Sauce nochmals abschmecken und heiß servieren.

TIPP!

Statt Pesto aus dem Glas können Sie zusätzlich 2 EL gehacktes Basilikum, 1 EL fein gemahlene Mandeln und etwas mehr Feta unter die Sauce rühren. Die Creme schmeckt auch mit Erbsen aus der Dose sehr gut.

Schinkensauce mit Mascarpone

- Kinderleicht
- Besonders schnell

Für 4 Portionen:

150 g gekochter Schinken
1 Zwiebel
1 EL Butter oder Margarine
1/8 l Gemüsebrühe
Salz · Pfeffer
150 g Mascarpone
1-2 TL Saucenbinder oder Hirsemehl (siehe Seite 18)
2 EL tiefgekühlte Schnittlauchröllchen

Zubereitungszeit: 10 Min.

Pro Portion ca.: 289 kcal
10 g EW/25 g F/7 g KH

1 Den Schinken fein würfeln oder in Streifen schneiden. Die Zwiebel schälen und in feine Ringe schneiden.

2 Die Butter oder Margarine erhitzen. Schinken und Zwiebeln darin andünsten. Die Brühe angießen, mit Salz und Pfeffer würzen und kurz aufkochen lassen.

3 Mascarpone und den Saucenbinder oder das Hirsemehl dazugeben und verrühren.

4 Die Sauce etwa 1 Min. bei schwacher Hitze köcheln lassen. Den Schnittlauch dazugeben und heiß werden lassen. Dazu passen Tagliatelle.

VARIANTEN

Für Mascarpone-Kräutersauce 25 g tiefgekühlte 8-Kräutermischung in die Sauce rühren.
Für Möhren-Mascarpone-Safran-Sauce: 500 g geputzte Möhren in feine Scheiben hobeln. Die Möhrenscheiben in 1 EL Fett andünsten, 1/8 l Brühe angießen. 1 Döschen Safran in 1 EL heißem Wasser auflösen, dazugeben und mit Salz und Pfeffer würzen. Etwa10 Min. dünsten. 100 g Mascarpone und 1-2 TL Saucenbinder dazugeben und fein pürieren. 1 Min. leicht köcheln lassen, dann 100 g gewürfelten Kochschinken in der Sauce heiß werden lassen.

Cremige Sauce mit Corned Beef

- Preiswert
- Fettarm

Für 4 Portionen:

1 Zwiebel
1 EL Butter oder Margarine
200 g Corned Beef
2 EL Mehl
100 ml Milch
200 ml Rinderbrühe
Salz · Pfeffer
etwas Zitronensaft
etwas gehackte Petersilie

Zubereitungszeit: 15 Min.

Pro Portion ca.: 128 kcal
13 g EW/6 g F/5 g KH

1 Die Zwiebel schälen, würfeln oder in Ringe schneiden.

2 Die Butter oder Margarine erhitzen. Die Zwiebelwürfel oder -ringe darin glasig dünsten. Corned Beef dazugeben und mit dem Kochlöffel fein zerbröseln. Das Mehl darüber stäuben und kräftig anschwitzen.

3 Milch und Brühe vermischen und nach und nach unter Rühren dazugießen. Die Sauce aufkochen lassen und 2-3 Min. bei schwacher Hitze köcheln lassen. Mit Salz, Pfeffer und Zitronensaft würzig abschmecken. Mit Petersilie bestreuen und servieren. Dazu passen Kartoffeln.

TIPP!

Kalorienreicher und cremiger wird die Sauce, wenn Sie an Stelle von 150 ml Brühe 150 g saure Sahne (20 %) verwenden.

VARIANTE

Zusätzlich können Sie 2 fein geraspelte Möhren und 1 Stängel fein gewürfelten Staudensellerie oder 1 sehr fein gewürfelte gelbe oder rote Paprikaschote in der Sauce heiß werden lassen.

Im Bild vorne: Schinkensauce mit Mascarpone
Im Bild hinten: Cremige Sauce mit Corned Beef

Petersilien-Rahm

- Vegetarisch
- Besonders schnell

Für 4 Portionen:

100 g Mischbrot
1 Zwiebel
30 g Butter oder Margarine
300 ml Gemüsebrühe
3 Päckchen tiefgekühlte Petersilie
300 g Sahne
1 Kräuterling Petersilie-Knoblauch
1 TL Sahne-Meerrettich
Salz · Pfeffer
40 g Kürbiskerne

Zubereitungszeit: 10 Min.

Pro Portion ca.: 424 kcal
8 g EW/36 g F/18 g KH

1 Das Brot entrinden und würfeln. Die Zwiebel schälen und ebenfalls würfeln. Die Butter oder Margarine erhitzen und beides darin kräftig anrösten.

2 Mit der Gemüsebrühe aufgießen und aufkochen lassen. Die Petersilie dazugeben und alles fein pürieren. Die Sahne angießen, nochmals aufkochen und 3–4 Min. bei schwacher Hitze köcheln lassen. Den Kräuterling in der Sauce auflösen. Mit Sahne-Meerrettich, Salz und Pfeffer abschmecken.

3 Die Kürbiskerne grob hacken und in einer Pfanne ohne Fett anrösten. Die Sauce damit bestreuen.

TIPP!

Ein Päckchen tiefgekühlte Petersilie entspricht etwa einem kleinen Bund Petersilie. Sie können natürlich auch andere Kräuter nehmen, beispielsweise Majoran, Koriander oder Sauerampfer. Kräuterlinge sind Instant-Kräuterwürfel. Im Handel sind verschiedene Kräutersorten. Fettärmer wird die Sauce, wenn Sie 150 g Sahne durch 150 g Schmand ersetzen.

Champignon-Bolognese mit Rahm

- Vegetarisch
- Raffiniert

Für 4 Portionen:

500 g Champignons
1 Bund Frühlingszwiebeln
3 EL Olivenöl
4 EL Tomatenmark
Salz · Pfeffer
Paprikapulver, edelsüß
1/2 TL getrockneter Thymian
1 Msp. gemahlener Rosmarin
150 g Sahne

Zubereitungszeit: 25 Min.

Pro Portion ca.: 236 kcal
5 g EW/23 g F/4 g KH

1 Die Champignons trocken abreiben, eventuell putzen und in der Küchenmaschine mittelfein hacken. Die Frühlingszwiebeln putzen, waschen und in Ringe schneiden.

2 Das Olivenöl erhitzen. Die weißen Frühlingszwiebelringe und die Champignons darin anbraten. Das Tomatenmark dazugeben und kurz mitbraten.

3 Kräftig mit Salz, Pfeffer, Paprika, Thymian und Rosmarin würzen. Die Sahne angießen und die Sauce zugedeckt bei schwacher Hitze 5 Min. köcheln lassen.

4 Die grünen Frühlingszwiebelringe unterheben und darin heiß werden lassen. Die Sauce nochmals würzig abschmecken.

VARIANTE

Einen Teil der Champignons können Sie durch fein gewürfelten Tofu ersetzen.

TIPP!

Einen besonders intensiven Geschmack bekommt die Sauce, wenn Sie die Champignons bereits 3–4 Std. vorher (oder am Vorabend) hacken, mit etwas Salz bestreuen und mit einem Tuch abgedeckt ziehen lassen. Wer es besonders gut meint, mischt noch 5 g getrocknete Steinpilze dazu. Die Sauce solange kräftig kochen lassen, bis fast alle Flüssigkeit verdampft ist. Sahne angießen und noch einmal aufkochen.

Im Bild vorne: Petersilien-Rahm
Im Bild hinten: Champignon-Bolognese mit Rahm

Kinder-Käsesauce

- Preiswert
- Besonders schnell

Für 4 Portionen:

200 ml Milch
150 ml Gemüsesaft
2–3 EL blütenzarte Haferflocken
2 Ecken Schmelzkäse (125 g)
Salz · Pfeffer
frisch geriebene Muskatnuss

Zubereitungszeit: 10 Min.

Pro Portion ca.: 138 kcal
7 g EW/10 g F/6 g KH

1 Die Milch mit dem Gemüsesaft vermischen. Mit den Haferflocken aufkochen lassen.

2 Die Mischung bei schwacher Hitze 3–4 Min. köcheln lassen. Dabei unter ständigem Rühren den Schmelzkäse in der Sauce auflösen. Die Sauce mit Salz, Pfeffer und Muskat abschmecken.

VARIANTEN

Für Käse-Gemüse-Sauce 2 Frühlingszwiebeln putzen, waschen und in feine Ringe schneiden und 1 Möhre fein raspeln. 1 EL Butter erhitzen und die Hälfte der Ringe mit den Möhrenraspeln darin anbraten. Mit je 175 ml Gemüsebrühe und -saft aufgießen, 2-3 EL blütenzarte Haferflocken einrühren und aufkochen lassen. Je 50 g Schmelzkäse und fein geriebenen jungen Gouda darin auflösen. Die restlichen Zwiebelringe in der Sauce heiß werden lassen. Mit Salz, Pfeffer und Muskat würzen. Eventuell mit 1 Prise Zucker oder 1 Schuss Apfelsaft abrunden.
Für Käse-Kürbis-Sauce 400 g geputzten, gewürfelten Kürbis in 1-2 EL Butter anbraten, 200 ml Gemüsebrühe aufgießen und garen. Den Kürbis fein pürieren, mit 150 ml Karottensaft vermischen und aufkochen. 150 g Schmelzkäse (oder eine Mischung aus 100 g Schmelzkäse und 50 g fein geriebenem Gouda) darin auflösen. Mit Salz, Pfeffer und etwas Ingwerpulver abschmecken.

Oliven-Parmesan-Sauce

- Raffiniert
- Vegetarisch

Für 4 Portionen:

150 g entsteinte schwarze Oliven
2 Knoblauchzehen
1 EL Olivenöl
3 EL gemahlene Mandeln
1/4 l Gemüsebrühe
50 g tiefgekühltes Basilikum
40 g frisch geriebener Parmesan
Salz · Pfeffer

Zubereitungszeit: 15 Min.

Pro Portion ca.: 167 kcal
6 g EW/14 g F/6 g KH

1 Die Oliven im Blitzhacker oder in der Küchenmaschine fein hacken. Den Knoblauch schälen und durch die Presse drücken.

2 Das Olivenöl in einem Topf erhitzen. Die Oliven, den Knoblauch und die Mandeln darin kurz anbraten. Mit der Brühe aufgießen und bei mittlerer Hitze aufkochen lassen. Bei schwacher Hitze 5 Min. köcheln lassen.

3 Das Basilikum und den Parmesan in die Sauce rühren. Den Käse unter Rühren auflösen. Die Sauce mit Salz und Pfeffer abschmecken.

TIPP!

Wenn Sie weder Blitzhacker noch Küchenmaschine haben, können Sie die Sauce nach dem Köcheln durch ein Sieb streichen.
Knoblauch gibt es geschält und gepresst mit etwas Öl in Gläschen.
Etwas kalorienärmer wird die Sauce mit halb grünen und halb schwarzen Oliven, und wenn die Mandeln durch 75 g Semmelbrösel ersetzt werden.

Im Bild vorne: Kinder-Käsesauce
Im Bild hinten: Oliven-Parmesan-Sauce

Orangenreis mit Mais

- Preiswert
- Ohne Milch & Ei

Für 4 Portionen:

1 kleine Dose Maiskörner (280 g Abtropfgewicht)
2 TL Butter
200 g parboiled Reis
300 ml Gemüsebrühe
50 ml Orangensaft
Salz

Zubereitungszeit: 25 Min.

Pro Portion ca.: 435 kcal
10 g EW/5 g F/87 g KH

1 Die Maiskörner in einem Sieb abtropfen lassen und den Sud dabei auffangen.

2 Die Butter zerlassen und den Reis darin anrösten. Mit Brühe, Saft und dem Maissud aufgießen und salzen. Den Reis etwa 20 Min. bei schwacher Hitze ausquellen lassen.

3 Die Maiskörner unter den Reis ziehen und heiß werden lassen.

VARIANTEN

Orientalisch wird die Beilage, wenn Sie 70 g Rosinen und 50 g Cashewnüsse mit 1/2 TL Kreuzkümmel und 1/4 TL Zimtpulver zum Reis geben. Für amerikanischen Reis 1 Stange Staudensellerie in dünne Scheiben schneiden, 1 Möhre und 1/2 kleinen, säuerlichen Apfel raspeln, untermischen und heiß werden lassen.

Bulgur mit rohen Raspelmöhren

- Besonders schnell
- Ohne Milch & Ei

Für 4 Portionen:

1 Zwiebel
1 EL Öl
175 g Bulgur
350 ml heiße Gemüsebrühe
3 dicke Möhren

Zubereitungszeit: 15 Min.

Pro Portion ca.: 204 kcal
6 g EW/4 g F/39 g KH

1 Die Zwiebel schälen und in dünne Ringe schneiden.

2 Das Öl erhitzen, die Zwiebelringe darin glasig dünsten und den Bulgur einstreuen. Unter Rühren 1 Min. anwärmen, dann mit der Gemüsebrühe ablöschen. Die Herdplatte ausschalten und den Bulgur 10 Min. quellen lassen.

3 Inzwischen die Möhren putzen, schälen und fein raspeln. Die Raspeln unter den Bulgur mischen und darin heiß werden lassen.

TIPP!

Bulgur ist eine orientalische Sättigungsbeilage aus Weizen. Dieser wird geschält, geschrotet, vorgekocht und getrocknet. Sie finden ihn im Bioladen, Reformhaus oder im türkischen Lebensmittelladen.

Couscous mit Nüssen

- Besonders schnell
- Ohne Milch & Ei

Für 4 Portionen:

50 g Sonnenblumenkerne
30 g helle Rosinen
300 ml kräftige Gemüsebrühe
200 g Instant-Couscous

Zubereitungszeit: 8 Min.

Pro Portion ca.: 274 kcal
8 g EW/7 g F/44 g KH

1 Die Sonnenblumenkerne ohne Fett in einer Pfanne anrösten, bis sie duften.

2 Die Rosinen mit heißem Wasser abspülen und mit der Gemüsebrühe zum Kochen bringen. Das Couscous einrühren und auf der abgestellten Herdplatte einige Minuten nachquellen lassen. Mit den Sonnenblumenkernen bestreut servieren.

TIPP!

Normalerweise wird Couscous über Dampf gegart. Wenn Sie Gemüse kochen, können Sie einfach ein Küchentuch auf den Topf legen, das Couscous darauf verteilen und das Tuch mit dem Deckel festklemmen. Couscous ist genau wie das meiste Gemüse nach 10–15 Min. gar. Nach dem Garen mit einer Gabel etwas auflockern und1 EL Butter untermischen.

Kartoffel-Tomaten-Püree

- Raffiniert
- Besonders schnell

Für 4 Portionen:

250 g Flaschentomaten
1 Packung Kartoffelpüree für 3 Portionen
Wasser oder Milch nach Packungsangabe
1–2 EL Olivenöl
frisch geriebene Muskatnuss
1 EL tiefgekühltes Basilikum

Zubereitungszeit: 15 Min.

Pro Portion ca.: 198 kcal
5 g EW/12 g F/18 g KH

1 Die Tomaten überbrühen, kurz ziehen lassen, kalt abschrecken, häuten und ohne die Stielansätze und Kerne hacken.

2 Das Püree nach Packungsanleitung mit der Milch oder dem Wasser zubereiten und 1 Min. stehen lassen.

3 Das Öl unterrühren, mit Muskat würzen. Die Tomatenstücke und das Basilikum unterheben.

TIPP!

Noch schneller geht es, wenn Sie 150 g Tomatenstücke aus dem Tetrapack unterheben. Grünes Püree bekommen Sie, wenn Sie 150 g tiefgekühlten Rahmspinat mit der Flüssigkeit fürs Püree erhitzen. Dann nach Packungsangabe das Pulver einrühren, mit Muskat abschmecken und Butter statt Öl einrühren.

Alles aus einem Topf

Der Eintopf ist das Urgericht der schlichten Küche. Schnell zubereitet ist er nur mit Zutaten, die leicht garen. Die Zeitersparnis bezieht sich gleichzeitig auch auf den Abwasch: ein Topf, Messer, Löffel – sonst nichts! Kindern müssen Sie Eintöpfe allerdings erst schmackhaft machen: saure Sahne zum selber unterrühren, Croûtons (gibt's fertig) oder Parmesan zum darüber streuen.

Der Trick: In Etappen kochen

Das Wichtigste vorweg: Die Kunst beim Eintopf kochen ist, dass alle Zutaten, die verwendet werden, zum gleichen Zeitpunkt gar sind. Langsam garendes Gemüse wie Möhren muss fein geraspelt sein, Zuckererbsen dagegen dürfen nur einige Min. ziehen. Suppenfleisch ist ungeeignet – stattdessen sind fein gewürfelte Hühnerbrust, Würstchen oder Brätklößchen im Nu gar. Braune Linsen brauchen ewig - aber die kleinen roten sind in 10 Minuten essfertig. Kalkulieren Sie die unterschiedlichen Garzeiten mit ein. Beginnen Sie mit dem Kochen, während Sie die Zutaten klein schneiden. In den letzten Minuten der Garzeit wird der Tisch gedeckt.

Kinder können Sie mit Kleinigkeiten locken: kleine Würstchen zum Fischen oder Croûtons zum Bestreuen.

Dosen-Eintopf in Schwung bringen

Sie sind der Inbegriff an Schnelligkeit, gelten aber als wenig kulinarisch. Doch in der Not hilft diese eiserne Reserve.

- Besonders empfehlenswert sind »tomatige« Konserven wie Nudelgerichte. Frischer und gesünder werden sie, wenn Sie pro Dose 2–3 vollreife Tomaten pürieren (vorher die Stielansätze entfernen) und 1 EL saure Sahne oder 2 EL steif geschlagene Sahne unterziehen. Im Winter statt Tomaten Tomatensaft nehmen. Dazu Brot reichen - oder 250 g Fertigpasta aus dem Kühlregal unterziehen.
- Traditionelle Eintöpfe gewinnen an Geschmack, wenn Sie 1-2 Möhren und 1 Zwiebel, eventuell auch 1 Stange Staudensellerie sehr fein würfeln, in wenig Fett einige Minuten dünsten, 1 EL Tomatenmark dazugeben und dann mit dem Doseninhalt ablöschen. Mit tiefgekühlten Kräutern und einem Spritzer Zitronensaft würzen.
- Deftige Eintöpfe mit Hülsenfrüchten bekommen Pep, wenn Sie Schinkenspeckwürfel zerlassen und mit Zwiebelwürfelchen braun braten. Zusätzlich 1 rote Paprika klein würfeln und im Topf nur noch heiß werden lassen. Mit 1 Knoblauchzehe oder 1 Msp. Pesto aus dem Glas bekommt der Eintopf einen mediterranen Charakter. Auch kleine Brotwürfel in Kräuterbutter geröstet, ergeben einen pikanten Geschmack.
- Asiatische Dosengerichte schmecken frischer durch Zugaben von kleinen frischen, säuerlichen Obststücken, z. B. Apfel, Orange oder Ananas. Fein gewürfelter Ingwer, etwas Knoblauch, Zitronensaft oder gemahlenes Zitronengras unterstreichen die asiatische Note.

Tausendsassa Brühe

Fertige Brühe schmeckt wie selbst gemacht. Aber auch Instant-Brühen schmecken mit etwas Kräuterbutter und einem Spritzer Sojasauce gut. Fein zerkleinertes Gemüse, Nudeln mit einer Garzeit von höchstens 5 Min. oder Minutenreis, klein gewürfeltes Hühner-, Puten- oder Schweinefleisch kann zur gleichen Zeit darin garen.

So macht die Suppe auch satt

Tütensuppen haben einen Nachteil: Sie sind so kalorienarm, dass sie nicht lange vorhalten. Geschmacklich schneiden starke Aromen am besten ab.
So machen sie satt:

- Reichern Sie Gemüsecremesuppen mit Teigtropfen an. Dafür aus 2 Eiern, Mehl, Milch oder Sahne und Salz einen dick vom Löffel reißenden Pfannkuchenteig rühren. Durch ein grobes Sieb in die leicht kochende Suppe eintropfen lassen.
- Unter Gemüsecremesuppe geschlagene Sahne unterziehen.
- Pinien-, Kürbis-, Sonnenblumenkerne oder Erdnüsse rösten und extra servieren.
- Den Brät aus rohen Bratwürstchen aus der Pelle drücken, dabei zu Klößchen formen und in der Suppe garen.
- Crostinis zur Suppe reichen: Brotscheiben mit Käse im Ofen überbacken oder toasten und mit Kräuterbutter, gebratenen Schinkenstückchen oder Käse-Rührei belegen.

Ein Spritzer Zitronensaft, ein Hauch Knoblauch, ein Stück Kräuterbutter oder einige Kräuter – schon schmeckt der Fertigeintopf viel interessanter.

Blitz-Nudeltopf

- Kinderleicht
- Fettarm

Für 4 Portionen:

250 g Putenbrust
1 Zwiebel
1 EL Butterschmalz
1 1/2 l kräftige Hühnerbrühe
300 g tiefgekühlte Erbsen und Möhren (oder 1 Dose)
150 g Chinesische Eiernudeln
Sojasauce
25 g tiefgekühlte Petersilie

Zubereitungszeit: 15 Min.

Pro Portion ca.: 364 kcal
24 g EW/9 g F/44 g KH

1 Die Putenbrust würfeln. Die Zwiebel schälen und in Ringe schneiden.

2 Das Butterschmalz erhitzen. Die Zwiebelringe darin glasig braten. Das Fleisch dazugeben, kurz anbraten, dann mit der Brühe ablöschen.

3 Die unaufgetauten oder abgetropften Erbsen und Möhren in der Suppe aufkochen lassen. Die Nudeln darin 3 Min. bei schwacher Hitze ziehen lassen. Mit Sojasauce abschmecken und die Petersilie dazugeben.

TIPPS!

Als Krankenkost das Fleisch in der heißen Brühe bei schwacher Hitze 8-10 Min. (je nach Größe) garen. Die geschälte Zwiebel halbieren, mitkochen und nach dem Garen entfernen. Das Gemüse nach Geschmack oder Vorrat variieren. Mit Chinesischen Eiernudeln ist die Suppe blitzschnell fertig. Sie schmeckt aber auch mit Reis, kleinen Kartoffelwürfeln oder anderen Nudeln.

Brühe mit Kräuterbrot

- Preiswert
- Kinderleicht

Für 4 Portionen:

6-8 kleine Scheiben Weizenmischbrot
200 g Fleischwurst
1 l sehr kräftige Kräuterbrühe
1/4 l Milch
1 kleine Dose Maiskörner (280 g Abtropfgewicht)
50 g tiefgekühlte Schnittlauchröllchen
frisch geriebene Muskatnuss
Pfeffer
40 g Kräuterbutter

Zubereitungszeit: 10 Min.

Pro Portion ca.: 661 kcal
17 g EW/31 g F/78 g KH

1 Die Brotscheiben toasten oder in einer Pfanne in wenig Butter von beiden Seiten rösten. Die Fleischwurst in Würfel oder Streifen schneiden.

2 Die Brühe mit der Milch, der Wurst und den Maiskörnern erhitzen. Den Schnittlauch dazugeben. Die Suppe mit Muskat und Pfeffer würzen.

3 Die Brote mit der Kräuterbutter bestreichen und in die Suppenteller legen. Die Suppe über die Brote schöpfen.

VARIANTEN

Für Brühe mit Käsebrot die Brotscheiben mit 50 g geriebenem Emmentaler überbacken. Entweder die Brotscheiben in die Suppenteller legen und mit Brühe übergießen oder auf die Suppe geben.
Französische Brotsuppe: 1 gehackte Zwiebel in 1 EL Butter andünsten, 8 Scheiben Brot würfeln und mitrösten. Mit 1 l Fleischbrühe ablöschen, aufkochen lassen und pürieren. Die Suppe mit 2 EL Crème fraîche und Pfeffer abschmecken. Schnittlauchröllchen darüber geben.

Im Bild vorne: Brühe mit Kräuterbrot
Im Bild hinten: Blitz-Nudeltopf

Kartoffelsamtsuppe

- Kinderleicht
- Besonders schnell

Für 4 Portionen:

120 g altbackenes Brot
1 EL Butterschmalz oder Kräuterbutter
1/2 l Wasser
350 ml Milch
1 Packung Flockenpüree für 3 Portionen
125 g Doppelrahm-frischkäse (mit Kräutern oder Meerrettich)
1–2 EL gekörnte Gemüse-brühe (Instant)
Pfeffer
4 Wiener Würstchen
75 g Sahne

Zubereitungszeit: 20 Min.

Pro Portion ca.: 544 kcal
16 g EW/37 g F/35 g KH

1 Das Brot würfeln. Das Butterschmalz oder die Kräuterbutter erhitzen. Die Brotwürfel darin von allen Seiten knusprig braten.

2 Das Wasser mit der Milch zum Kochen bringen. Das Flockenpüree einrühren. Den Frischkäse nach und nach unterrühren, bis er aufgelöst ist, dann einmal aufkochen lassen. Mit der Gemüsebrühe und Pfeffer abschmecken.

3 Die Würstchen in der Suppe heiß werden lassen. Die Sahne steif schlagen und unterziehen. Mit den gerösteten Brotwürfeln servieren.

TIPP!

Als Einlage schmecken auch gebratene Champignonscheiben mit frischer Kresse toll.
Die Restecreme – verwegen, aber köstlich: Plündern Sie den Kühlschrank! Geben Sie sämtliche Reste mit einer Portion Brühe in den Mixer und pürieren Sie alles. Mit Sahne und Kräutern nach Belieben abschmecken, erhitzen und mit knusprigen Croûtons, gerösteten Kürbis-, Sonnenblumen- oder Pinienkernen und saurer Sahne servieren: Kinder lieben es, bei Tisch zu mischen.

Broccolicremesuppe

- Vegetarisch
- Raffiniert

Für 4 Portionen:

2 Eier
1 Packung tiefgekühlte Broccoliröschen (450 g)
1/4 l Milch
1/2 l Gemüsebrühe
Sojasauce
Pfeffer
frisch geriebene Muskatnuss
250 g Gnocchi (aus dem Kühlregal)
75 g saure Sahne (20 %)

Zubereitungszeit: 25 Min.

Pro Portion ca.: 216 kcal
11 g EW/11 g F/20 g KH

1 Die Eier in 8 Min. hart kochen. Kalt abschrecken, pellen und auskühlen lassen.

2 Den unaufgetauten Broccoli mit der Milch zum Kochen bringen. Zugedeckt bei schwacher Hitze 10 Min. köcheln lassen, bis der Broccoli gar ist, aber noch Biss hat.

3 Den Broccoli in der Milch fein pürieren. Das Püree mit der Gemüsebrühe verrühren und zum Kochen bringen. Die Suppe kräftig mit Sojasauce, Peffer und Muskat abschmecken.

4 Die Hitze reduzieren und die Gnocchi in die Suppe geben. Bei schwacher Hitze nach Packungsanleitung 5 Min. ziehen lassen.

5 Die Eier hacken. Die saure Sahne in die Suppe rühren und diese nochmals abschmecken. Die Eier vor dem Servieren auf die Suppe streuen.

TIPP!

Wenn Sie gerne italienisches Essen mögen, geben Sie statt der Eier gehacktes Basilikum und etwas Parmesan in die Suppe.

Im Bild vorne: Kartoffelsamtsuppe
Im Bild hinten: Broccolicremesuppe

Linsencremesuppe

● Raffiniert
● Kinderleicht

Für 4 Portionen:

150 g Cabanossi (oder Mettwurstenden)
1 Beutel Kartoffelsuppe für 3/4 l Wasser
150 g rote Linsen
250 g Tomatenstücke (aus dem Tetrapack)
Salz · Pfeffer
Kreuzkümmel
150 g saure Sahne (20 %)
1/2 Päckchen tiefgekühlte Petersilie

Zubereitungszeit: 25 Min.

Pro Portion ca.: 404 kcal
18 g EW/21 g F/36 g KH

1 Die Cabanossi oder die Mettenden in Scheiben schneiden. Das Kartoffelsuppen-Pulver mit 1 l Wassser anrühren.

2 Die Wurstscheiben ohne Fett kurz anbraten und die Linsen dazugeben. Mit dem angerührten Kartoffelsuppen-Pulver ablöschen, aufkochen lassen und die Linsen bei schwacher Hitze in 15 Min. garen. Dabei öfters umrühren, damit die Linsen nicht ansetzen.

3 Die Tomatenstücke dazugeben und in der Suppe heiß werden lassen. Die Suppe mit Salz, Pfeffer und Kreuzkümmel abschmecken und auf vier tiefe Teller verteilen.

4 Die saure Sahne glatt rühren. Jeden Teller Suppe mit einem großen Klecks saurer Sahne krönen und üppig mit Petersilie bestreuen.

TIPP!

Toll schmeckt die Suppe mit 3-4 EL gehacktem Koriandergrün an Stelle der gehackten Petersilie.

Bohnentopf mit Sauerkraut

● Preiswert
● Kinderleicht

Für 4 Portionen:

200 g Bratwurst-Brät
250 g mildes Sauerkraut
1 EL Butterschmalz
3 EL Tomatenmark
1 große Dose weiße Bohnen in Tomatensauce (Baked Beans)
1/2 l Tomatensaft
200 ml Fleischbrühe
Salz · Pfeffer
Sojasauce
1 TL getrockneter Thymian
100 g Feta

Zubereitungszeit: 25 Min.

Pro Portion ca.: 376 kcal
15 g EW/24 g F/28 g KH

1 Das Brät in kleinen Klößchen aus der Hülle drücken. Das Sauerkraut etwas kürzer schneiden.

2 Das Butterschmalz erhitzen. Die Brätklößchen darin rundum anbraten. Das Tomatenmark kräftig mitbraten. Das Sauerkraut dazugeben und kurz mitbraten. Die weißen Bohnen mit Tomatensauce, den Tomatensaft und die Fleischbrühe dazugeben.

3 Den Eintopf bei schwacher Hitze zum Kochen bringen und 5 Min. köcheln lassen. Mit Salz, Pfeffer, Sojasauce und Thymian abschmecken.

4 Den Feta zwischen den Fingern zerbröseln oder fein würfeln. Die Suppe mit dem Feta bestreut servieren.

TIPP!

Sie können zusätzlich noch 1 rote Paprikaschote würfeln und im Eintopf heiß werden lassen.

Im Bild vorne: Bohnentopf mit Sauerkraut
Im Bild hinten: Linsencremesuppe

Kässpatzen

- Preiswert
- Vegetarisch

Für 4 Portionen:

250 g Mehl
3 Eier
100 ml Milch
Salz
3 Stangen Lauch
30 g Butter
weißer Pfeffer
150 g Gouda oder Emmentaler (45 % Fett i. Tr.)

Zubereitungszeit: 35 Min.

Pro Portion ca.: 495 kcal
23 g EW/23 g F/49 g KH

1 Für den Spätzleteig das Mehl mit den Eiern, der Milch und etwas Salz zu einem dickflüssigen Teig rühren und beiseite stellen.

2 Inzwischen den Lauch putzen, längs aufschlitzen und unter fließendem Wasser gründlich waschen. In etwa 1 cm dicke Stücke schneiden.

3 Den Backofen auf 50° vorheizen. Salzwasser in einem großen Topf zum Kochen bringen. Die Butter erhitzen und den Lauch darin unter Rühren solange braten, bis er gar, aber noch bissfest ist, dann salzen und pfeffern. Nach Bedarf etwas Flüssigkeit zugießen. Den Käse grob reiben.

4 Eine Portion Spätzleteig in eine Spätzlereibe füllen und direkt ins kochende Salzwasser hobeln. Die Spätzle mit einem Schaumlöffel herausheben, wenn alle Spätzle an der Wasseroberfläche schwimmen.

5 Die Spätzle in eine feuerfeste Schüssel geben, mit je einem Drittel Käse und Lauch bestreuen und im Ofen warm stellen. Die nächste Partie Spätzle kochen, wieder mit je einem Drittel Käse und Lauch einschichten. Diesen Schritt noch einmal wiederholen, bis alle Zutaten aufgebraucht sind.

TIPPS!

Blitzschnell ist das Rezept mit Spätzle aus dem Kühlregal zubereitet. Ursprünglich wird diese Spezialität mit Röstzwiebeln angerichtet. Schmeckt aber auch mit gedünsteten Möhren oder Broccoli. Schneller geht es mit Erbsen aus der Dose.

Schichttopf

- Vegetarisch
- Raffiniert

Für 4 Portionen:

50 g tiefgekühlte Petersilie
2 TL Jodsalz
1 Prise Pfeffer
1 Msp. getrockneter Oregano
1 Prise Zimtpulver
800 g fest kochende Kartoffeln
3 EL Keimöl
1 Gemüsezwiebel
250 g Zucchini
250 g Tomatenstücke (aus dem Tetrapack)
100 g Schafkäse
100 g saure Sahne (20 %)
100 g Sahne

Zubereitungszeit: 50 Min.

Pro Portion ca.: 422 kcal
13 g EW/23 g F/40 g KH

1 Die Petersilie mit Salz, Pfeffer, Oregano und Zimt mischen. Die Kartoffeln schälen und in dünne Scheiben schneiden oder hobeln.

2 Das Öl in einem großen Topf erhitzen. Die Kartoffelscheiben darin anbraten, mit einem Teil der Würzmischung bestreuen und bei schwacher Hitze zugedeckt schmoren lassen.

3 Die Zwiebel schälen und würfeln, auf die Kartoffeln geben, nochmals würzen und zugedeckt weitergaren.

4 Die Zucchini waschen, die Enden abschneiden und die Zucchini in Scheiben schneiden. Zu den Kartoffeln geben, mit etwas Würzmischung bestreuen und ebenfalls zugedeckt weiterschmoren.

5 Die Tomatenstücke auf dem Gemüse verteilen, mit der restlichen Würzmischung bestreuen und alles zugedeckt in weiteren 15 Min. garen.

6 Den Schafkäse mit saurer Sahne und Sahne pürieren, auf dem Eintopf verteilen und zugedeckt in 5-10 Min. erhitzen.

Im Bild vorne: Schichttopf
Im Bild hinten: Kässpatzen

Nudelsuppe

- Kinderleicht
- Ohne Milch & Ei

Für 4 Portionen:

2 Zwiebeln
2 EL Olivenöl
1/2 TL getrockneter Majoran
750 g tiefgekühltes Mischgemüse (z. B. Kaisergemüse)
1 l Gemüsebrühe
250 g Fusilli (Spiralnudeln)
4 Wiener Würstchen
25 g tiefgekühlte Schnittlauchröllchen
25 g tiefgekühlte Petersilie
Sojasauce
Pfeffer
frisch geriebene Muskatnuss

Zubereitungszeit: 25 Min.

Pro Portion ca.: 618 kcal
24 g EW/23 g F/78 g KH

1 Die Zwiebeln schälen und hacken. Das Olivenöl erhitzen und die Zwiebeln darin glasig dünsten. Den Majoran und das unaufgetaute Gemüse dazugeben. Mit der Brühe aufgießen und alles zum Kochen bringen.

2 Die Nudeln in der Brühe bei schwacher Hitze offen in 10 Min. bissfest garen.

3 Die Würstchen dazugeben und darin heiß werden lassen. Schnittlauch und Petersilie einstreuen, und die Nudelsuppe mit Sojasauce, Pfeffer und etwas Muskat würzen.

VARIANTEN

Mit weich gekochten Eiern an Stelle der Würstchen ist die Suppe auch für Vegetarier ideal.
Fisch-Fans können statt Würstchen 400 g Fischfilet in mundgerechte Stücke schneiden und 7–8 Min. vor Ende der Garzeit der Nudeln in der Brühe ziehen lassen. Dann mit etwas Zitronensaft abschmecken.
Wenn Sie statt Kaisergemüse Suppengemüse verwenden, schmeckt die Suppe mit einer kräftigeren Brühe besser. Dazu 25 g Schinken würfeln und mit den Zwiebeln andünsten.

Spinatreis

- Raffiniert
- Kinderleicht

Für 4 Portionen:

1 Packung tiefgekühlter Blattspinat (450 g)
2 Zwiebeln
1 Koblauchzehe
3 EL Olivenöl
200 g gemischtes Hackfleisch (halb Schwein, halb Rind)
30 g gehackte Haselnüsse
Salz · Pfeffer
1 Prise frisch geriebene Muskatnuss
200 g parboiled Reis
400 ml Gemüsebrühe
75 g Feta

Zubereitungszeit: 35 Min.

Pro Portion ca.: 534 kcal
20 g EW/30 g F/46 g KH

1 Den Spinat antauen lassen und mit dem Messer grob hacken. Die Zwiebeln schälen und fein würfeln. Den Knoblauch schälen und durch die Knoblauchpresse drücken.

2 In einem großen Topf das Olivenöl erhitzen. Die Zwiebelwürfel und den Knoblauch darin andünsten. Das Hackfleisch dazugeben und bei mittlerer Hitze krümelig braten.

3 Die Haselnüsse kurz mitbraten, mit Salz, Pfeffer und Muskat würzen. Den Reis dazugeben und 2 Min. andünsten. Mit der Gemüsebrühe ablöschen, alles aufkochen lassen und zugedeckt bei schwacher Hitze 15 Min. köcheln lassen.

4 Den Spinat unter das Hackfleisch und den Reis mischen und 5 Min. mitgaren. Den Spinatreis kräftig salzen und pfeffern.

5 Den Feta zwischen den Fingerspitzen zerbröseln. Den Spinatreis damit bestreuen und servieren.

VARIANTEN

Für Tomatenreis den Saft einer großen Dose geschälte Tomaten auffangen, mit Gemüsebrühe auf 400 ml auffüllen und zum Reis gießen. Die Tomaten hacken und statt Spinat am Ende der Garzeit unterziehen. Je nach Geschmack kann der Feta durch 40 g gehobelten Parmesan oder 75 g fein geriebenen Butterkäse ersetzt werden. Mit gehacktem Basilikum bestreuen.

Im Bild vorne: Nudelsuppe
Im Bild hinten: Spinatreis

Über-backenes aus dem Ofen

Der Backofen bietet Schnelligkeit der speziellen Art: Wenn Sie zu Hause sind und viel zu tun haben, ist er ideal: Sie müssen die Zutaten nur in die Form schichten oder aufs Blech geben. Ist die Ofentür erst geschlossen, haben Sie Zeit für andere dringende Tätigkeiten. Profis schieben Aufläufe schon morgens in den Ofen, stellen die Automatik ein und können das fertige Gericht aus dem Ofen ziehen, wenn sie nach Hause kommen. Doch so viel Planung und Technik überfordert die meisten von uns. Bleibt das Problem des Vorheizens: Der Elektro-Backofen braucht etwa 10 bis 15 Min., um 180° zu erreichen – stellen Sie ihn also sofort an, wenn Sie mit den Vorbereitungen beginnen. Umluft- und Gasherd brauchen kaum eine Vorlaufzeit: Sie sind in 2 bis 3 Min. heiß.

Joker: der Backofengrill

Wenn es darum geht, für viele etwas schnell zu braten, ist ein Backofengrill ideal: Statt mit 2 Pfannen zu jonglieren, legen Sie Bratwürstchen, marinierte Steaks, Spareribs, Frikadellen oder Puffer einfach aufs Blech – vorher mit Backpapier auslegen – und grillen das Fleisch 10 Min, nach 5 Min. wenden – fertig. Hier sind einige Tricks für die Kruste:

- Wenden Sie die Frikadellen vorher in Sesamsamen.
- Gekochte Kartoffeln halbieren und 1 Käsescheibe darauf legen.
- Für Zucchini, Auberginen oder gekochte Kartoffeln Öl auf dem Blech mit provenzalischen Kräutern mischen. Das Gemüse von beiden Seiten darin wenden, salzen auf dem Blech verteilen und grillen.

So werden Ofenschlupfer schneller

Je flacher und großflächiger die Form ist, desto schneller geht es. Am fixesten ist das tiefe Backofenblech. Aber auch Quicheformen oder eine Reine (Bräter) eignen sich gut. Schneller ist Ihr Auflauf in einer Metallform oder -pfanne – am besten mit dunkler Färbung. Aber nicht nur die Form muss heiß werden – auch der Inhalt. Deshalb kann es sich lohnen, rohe Zutaten vorher auf dem Herd anzudünsten und gleich in der Pfanne mit den übrigen Ingredienzen im Ofen zu überbacken. Das gilt vor allem für Gemüse. Voraussetzung dafür ist allerdings eine große Pfanne mit feuerfesten, kleinen Henkeln.

Welcher Käse schmilzt am besten?

Käse bewahrt den Inhalt vor dem Austrocknen und Verbrennen.

- Geriebener Schnittkäse sollte mindestens 40 % Fett i. Tr. haben, damit er gut schmelzen kann.
- Parmesan zusätzlich immer mit etwas Öl beträufeln. Oder Sie kombinieren ihn mit Mozzarellawürfeln.
- Feta behält seine Form und verläuft nicht: am besten direkt über dem Auflauf zerbröseln.
- Bei Weichkäse zuvor die Rinde entfernen.
- Schmelzkäse mit etwas Sahne in einem Topf erhitzen und darüber gießen.
- Schmelzkäse-Scheibletten müssen dicht an dicht auf das Gratin gelegt werden.

Die besten Güsse: Resteverwertung

Ein Auflauf eignet sich bestens zur Resteverwertung. Verbindendes Element ist der Guss.

- Eier sind für saftige Zutaten ideal. 1 Ei bindet bis zu 1/8 l andere Zutaten. In Kombination mit Ei eignen sich Saucenreste, Tomatenpüree, Sahne, Crème fraîche, saure Sahne, Quark oder pürierte Gemüsereste. Aufläufe der luftigen Art bekommen Sie, wenn Sie die Eier trennen und die Eiweiße steif schlagen, den Eischnee unter die Zutaten ziehen und einen Teil der Masse einschichten.
- Geriebener Käse in Verbindung mit saurer Sahne, Sahne oder Crème fraîche zerläuft gut.
- Fertigsaucen mischen Sie einfach mit Sahne oder Saucenresten.
- Nicht nur Saucen aus der Tüte, auch Suppen sind als Guss geeignet. Diese aber mit weniger Flüssigkeit als angegeben dicker anrühren und den Geschmack mit etwas Sahne abmildern.

Käse mit 40 % Fett i. Tr. und mehr schmilzt am besten: Mozzarella (1), Gouda (2) und Emmentaler (3) stehen dabei an der Spitze der Beliebtheitsskala. Schmelzkäse (4) und Parmesan (5)

Ideale Toppings

Wer Käse, Ei und Quark nicht gerade auf Lager hat, wirft einen Blick in den Vorratsschrank: Semmelbrösel bzw. Paniermehl, Haferflocken, Cornflakes sind immer vorrätig, müssen aber gegen zu viel Hitze mit Butterflöckchen belegt werden. Notfalls zwei Zwiebäcke reiben und darüber streuen. Geriebene Nüsse, Mandelblättchen oder Kokosflocken sind auch gut geeignet. Sie brauchen kein zusätzliches Fett, weil sie selber genug enthalten. Oder Sie rühren eine Portion Kartoffelpüree aus der Tüte an, geben Reibekäse dazu und streichen die Mischung als Haube über Ihr Gratin – schon ist es eine Pie! Wenn die Reste nicht reichen, ist Strecken angesagt.

Ofen-Pommes

- Fürs Kinderfest
- Kinderleicht

Für 4 Portionen:

2 rote Paprikaschoten
700 g tiefgekühlte Pommes frites
1 grüne Paprikaschote
400 g Magerquark
60 g Sahne
25 g tiefgekühlte Salatkräuter
Kräutersalz
mildes Paprikapulver

Zubereitungszeit: 25 Min.

Pro Portion ca.: 652 kcal
23 g EW/31 g F/74 g KH

1 Den Backofen auf 220° vorheizen. Die Paprikaschoten halbieren, von Stielansätzen, Trennhäutchen und Kernen befreien, waschen und in schmale Streifen schneiden.

2 Die Pommes frites mit den Paprikastreifen vermischen und auf einem Backblech verteilen. Die Pommes frites im Backofen (Mitte, Umluft 200°) 15 Min. backen, dabei einmal wenden.

3 Den Quark mit der Sahne cremig aufschlagen. Mit den Kräutern, Kräutersalz und Paprika würzen.

4 Die Paprika-Pommes mit dem Quark zum Dippen servieren.

TIPP!

Noch einfacher ist es mit gekauftem Kräuterquark oder Tsatsiki.

VARIANTE

Statt der tiefgekühlten Pommes können Sie auch Pellkartoffeln der Länge nach in schmale Streifen schneiden, mit Öl einpinseln und nach dem Backen salzen.

Kartoffelblech

- Raffiniert
- Kinderleicht

Für 4 Portionen:

1 kg gekochte Kartoffeln
100 g Salami in Scheiben
1 kg Flaschentomaten
100 g Sahne
100 ml Milch
2 Eier
Salz · Pfeffer
Paprikapulver
1/2 TL Basilikum in Öl
2 Zweige Rosmarin
125 g Mozzarella
3 EL Pinienkerne
Fett für das Blech

Zubereitungszeit: 25 Min.

Pro Portion ca.: 595 kcal
25 g EW/33 g F/47 g KH

1 Den Backofen auf 220° vorheizen. Ein tiefes Backblech einfetten.

2 Die Kartoffeln pellen und in Spalten schneiden. Die Salami in schmale Streifen schneiden. Die Tomaten waschen, von den Stielansätzen befreien und in fingerdicke Scheiben schneiden. Alles auf einem tiefen Backblech verteilen.

3 Die Sahne und die Milch mit den Eiern verrühren. Mit wenig Salz, Pfeffer, Paprika und dem Basilikum in Öl würzen und über den Kartoffelmix gießen.

4 Den Rosmarin waschen und die Nadeln abstreifen. Den Mozzarella abtropfen lassen, würfeln und mit den Pinienkernen und Rosmarinnadeln über den Kartoffeln verteilen. Im Ofen (Mitte, Umluft 200°) 15 Min. grillen.

VARIANTE

Pizza-Rösti: Das Backblech mit Backpapier auslegen. 1 Packung tiefgekühlte Rösti darauf verteilen. Jedes Rösti mit einer nicht zu dünnen Scheibe Salami und 2–3 Tomatenscheiben belegen. Mit Salz, Pfeffer und Paprika würzen. Mit etwas gehacktem Basilikum bestreuen. Reibekäse oder Mozzarellawürfel darüber streuen. Im vorgeheizten Backofen nach Packungsanleitung backen.

Im Bild vorne: Ofen-Pommes
Im Bild hinten: Kartoffelblech

Pita-Pizza

- Fürs Kinderfest
- Kinderleicht

Für 4–6 Portionen:

1 Fladenbrot (ca. 26 cm Durchmesser)
2 kleine Dosen Pizza-Tomaten (425 ml Inhalt)
100 g gekochter Schinken
300 g Mozzarella
75 g Reibekäse
150 g tiefgekühlte Erbsen
2 Eier
1 Bund Basilikum
Backpapier

Zubereitungszeit: 25 Min.

Pro Portion ca.: 664 kcal
40 g EW/26 g F/66 g KH

1 Den Backofen auf 200° vorheizen. Das Backblech mit Backpapier auslegen. Das Fladenbrot aufschneiden und mit der Schnittfläche nach oben auf das Backblech legen. Die Pizza-Tomaten darauf verteilen.

2 Den Schinken und den Mozzarella in Würfel schneiden.

3 Schinken, Reibekäse und Erbsen auf beiden Brothälften verteilen. In die Mitte der Fladenhälften je 1 rohes Ei setzen und leicht salzen. Die Mozzarellawürfel auf den Fladenhälften verteilen, dabei das Ei frei lassen.

4 Die beiden Hälften im Backofen (Mitte, Umluft 180°) 10-15 Min. überbacken. Inzwischen das Basilikum waschen, trockenschütteln und die Blättchen von den Stängeln zupfen. Die Pita-Pizza noch heiß in »Tortenstücke« schneiden und mit Basilikumblättchen garniert servieren.

TIPP!

Sie können das Ei auch weglassen und statt Fladenbrot aufgeschnittenes Baguette wie eine Pizza belegen.

Toasts vom Blech

- Fürs Kinderfest
- Kinderleicht

Für 4 Portionen:

2 Dosen Champignons in Scheiben
50 g gewürfelter Schinkenspeck
Salz · Pfeffer
1/2 TL getrockneter Oregano
8 Scheiben Toastbrot
100 g Kräuterfrischkäse (40 % Fett i. Tr.)
100 g Reibekäse
25 g tiefgekühlte italienische Kräuter
Backpapier

Zubereitungszeit: 25 Min.

Pro Portion ca.: 316 kcal
18 g EW/17 g F/23 g KH

1 Die Champignons abtropfen lassen. Eine Pfanne heiß werden lassen und den Schinkenspeck darin auslassen. Die Champignons darin kräftig anbraten. Mit Salz, Pfeffer und Oregano würzen und beiseite stellen.

2 Den Backofen auf 200° vorheizen. Das Backblech mit Backpapier auslegen. Die Brotscheiben toasten, mit dem Frischkäse bestreichen und den Champignonmix auf den Toasts verteilen.

3 Die Toasts auf das Backblech setzen. Den Reibekäse mit den Kräutern mischen und die Toasts damit bestreuen. Im Ofen (Mitte, Umluft 180°) 6–8 Min. überbacken.

VARIANTEN

Statt Champignons und Schinkenspeck können Sie auch 1 Dose Maiskörner und 1 rote Paprikaschote in Würfeln verwenden.
Für Hawaii-Toast jeweils 1 Scheibe Toast rösten, mit 1 Scheibe gekochtem Schinken, einem Ring Ananas aus der Dose und 1 Scheibe Butterkäse belegen und im heißen Ofen bei 200° in 5 Min. überbacken.
Für Spargeltoasts Toastbrot rösten, dünn mit Remoulade bestreichen und jede Brotscheibe mit Lachsschinken, 4–5 Stangen Spargel (aus der Dose) und 30 g Edelpilzkäse belegen. Im heißen Ofen bei 180° in 8–10 Min. überbacken.
Für Pizza-Toast je 1 Scheibe gerösteten Toast mit Tomatenmark bestreichen, mit 1 Scheibe Salami, Tomaten- und Mozzarellascheiben belegen und im heißen Ofen überbacken.

Im Bild vorne: Pita-Pizza
Im Bild hinten: Toasts vom Blech

Chicken-Pie

- Raffiniert
- Fettarm

Für 4 Portionen:

1 kleines Brathähnchen (fertig gegrillt)
1 EL Paprikapulver
2–3 EL Zitronensaft
1 Packung Kartoffelpüree-Pulver für 3 Portionen
Milch oder Wasser nach Packungsangabe
2 Eier
Salz · Pfeffer
frisch geriebene Muskatnuss
200 g tiefgekühlte Erbsen
150 g saure Sahne (20 %)
Sojasauce
2 EL Sesamsamen
Fett für die Form

Zubereitungszeit: 20 Min.
Backzeit: 25 Min.

Pro Portion ca.: 502 kcal
43 g EW/25 g F/24 g KH

1 Das Fleisch ohne Haut vom Brathähnchen ablösen und würfeln. Mit dem Paprika und dem Zitronensaft vermischen. Eine flache Auflaufform einfetten. Den Backofen auf 200° vorheizen.

2 Das Kartoffelpüree mit 1/2 l Milch oder Wasser nach Packungsanleitung zubereiten.

3 Die Eier trennen. Die Eigelbe mit Salz, Pfeffer und Muskat cremig rühren. Mit den unaufgetauten Erbsen unter das Püree ziehen. Die Eiweiße steif schlagen und den Eischnee unterheben.

4 Die Form mit einer dünnen Schicht Püree ausstreichen. Das Fleisch darauf verteilen. Die saure Sahne cremig rühren, mit Sojasauce würzen und auf dem Fleisch verteilen. Mit dem restlichen Püree bedecken. Die Pie mit Sesamsamen bestreuen und im Ofen (Mitte, Umluft 180°) in 20 Min. goldbraun überbacken.

TIPPS!

Statt Brathähnchen können Sie auch Bratenreste oder gebratenes Hackfleisch verwenden. Auch beim Gemüse ist erlaubt, was schmeckt und im Haus ist.

Steak-Auflauf

- Raffiniert
- Kinderleicht

Für 4 Portionen:

250 g kleine Champignons (ersatzweise 1 kleine Dose Champignons)
8 kleine Putenschnitzel (400 g)
1 Beutel Zwiebelsauce für 1/4 l Flüssigkeit
25 g tiefgekühlte italienische Kräuter
200 g Sahne

Zubereitungszeit: 20 Min.
Backzeit: 25 Min.

Pro Portion ca.: 310 kcal
29 g EW/17 g F/10 g KH

1 Den Backofen auf 200° vorheizen. Die Champignons trocken abreiben, wenn nötig, rasch unter fließendem Wasser waschen. Champignons aus der Dose abtropfen lassen. Die Champignons je nach Größe halbieren oder in Viertel schneiden.

2 Die Schnitzel waschen, mit Küchenpapier trockentupfen und nebeneinander in eine Auflaufform legen. Die Champignons zwischen den Schnitzeln verteilen.

3 Das Zwiebelsaucen-Pulver mit den Kräutern vermischen und die Schnitzel damit bestreuen.

4 Die Sahne halb steif schlagen und auf dem Fleisch und den Champignons verteilen.

5 Den Auflauf im Backofen (Mitte, Umluft 180°) in 25 Min. backen. Dazu passt Feldsalat.

Im Bild vorne: Steak-Auflauf
Im Bild hinten: Chicken-Pie

Fisch-Tomaten-Auflauf

- Raffiniert
- Fettarm

Für 4 Portionen:

300 tiefgekühlter Blattspinat (oder 600 g frischer Blattspinat)
Salz
4 Schollenfilets (500 g, frisch oder tiefgekühlt)
Saft von 1/2 Zitrone
weißer Pfeffer
1 große Dose geschälte Tomaten (oder 1 kg Fleischtomaten)
200 g Spätzle (aus dem Kühlregal)
150 g Kräuterfrischkäse (40 % Fett i. Tr.)
3 EL Sahne

Zubereitungszeit: 40 Min.

Pro Portion ca.: 451 kcal
35 g EW/14 g F/46 g KH

1 Den Spinat in einem Sieb auftauen lassen. Den frischen Spinat putzen, waschen und in kochendem Salzwasser zusammenfallen lassen. Auf einem Sieb gut abtropfen und kalt werden lassen.

2 Die frischen Schollenfilets waschen, abtupfen, in mundgerechte Stücke teilen, die tiefgekühlten ganz lassen. Mit Zitronensaft beträufeln, salzen und pfeffern.

3 Die Tomaten abtropfen lassen und grob zerkleinern, dabei den Saft auffangen. Die frischen Tomaten mit kochendem Wasser überbrühen, häuten und würfeln. Den Backofen auf 180° vorheizen.

4 Die Spätzle auf dem Boden der Auflaufform verteilen. Den aufgefangenen Tomatensaft und etwa die Hälfte der Tomaten auf die Spätzle geben. Mit Salz und Pfeffer würzen. Die Fischstücke darauf geben (tiefgekühlten Fisch erst jetzt teilen).

5 Den Frischkäse mit der Sahne verrühren und mit dem Spinat vermischen. Die Mischung auf dem Fisch verteilen und mit den restlichen Tomatenstücken bestreuen.

6 Den Auflauf im Backofen (Mitte, Umluft 160°) in 25 Min. überbacken.

Tunfischauflauf mit Brot

- Preiswert
- Fettarm

Für 4 Portionen:

200 g Weizenschrotbrot in Scheiben
2 kleine Dosen Tunfisch, naturell (je 150 g)
1 kleiner Chinakohl
1 große Dose geschälte Tomaten
Salz · Pfeffer
1–2 TL getrockneter Estragon
2 Kugeln Mozzarella
Olivenöl für die Form

Zubereitungszeit: 45 Min.

Pro Portion ca.: 357 kcal
27 g EW/15 g F/27 g KH

1 Den Backofen auf 200° vorheizen. Eine große, flache Auflaufform mit etwas Olivenöl leicht einfetten.

2 Das Brot in breite Streifen schneiden. Den Tunfisch abtropfen lassen und mit einer Gabel zerpflücken. Den Chinakohl waschen und in fingerbreite Streifen schneiden. In einer Salatschleuder trockenschleudern. Die Tomaten abtropfen lassen und grob zerteilen.

3 Tomatenstücke und Tomatensaft mit dem Tunfisch und dem Chinakohl vermischen. Mit Salz, Pfeffer und Estragon würzen.

4 Brotstreifen und die Tomatenmischung dachziegelartig in die Auflaufform schichten. Den Mozzarella würfeln und über den Auflauf streuen. Im Ofen (Mitte, Umluft 180°) in 20 Min. überbacken.

VARIANTEN

Statt Chinakohl gleiche Menge Mangold, Endiviensalat oder Sauerkraut verwenden.
An Stelle von Tunfisch 200 g Feta, Räuchertofu oder Schinken verwenden.

Im Bild vorne: Tunfischauflauf mit Brot
Im Bild hinten: Fisch-Tomaten-Auflauf

Broccoli-Fisch-Gratin

- Preiswert
- Raffiniert

Für 4 Portionen:

125 g Kräuter-Crème fraîche
300 g Joghurt (1,5 %)
Salz · Pfeffer
frisch geriebene Muskatnuss
2 Msp. gemahlenes Zitronengras
2 EL Zitronensaft
400 g tiefgekühltes Fischfilet (Kabeljau oder Rotbarsch)
600 g gekochter Reis (oder 200 g roher Reis)
600 g tiefgekühlte Broccoliröschen
30 g gehackte Pinienkerne (oder Mandelblättchen)
Fett für die Form

Zubereitungszeit: 15 Min.
Backzeit: 30 Min.
Auftauzeit: 1 Std.

Pro Portion ca.: 495 kcal
29 g EW/21 g F/50 g KH

1 Crème fraîche und Joghurt glatt rühren. Mit Salz, Pfeffer, Muskat, Zitronengras und Zitronensaft kräftig würzen.

2 Eine flache Auflaufform leicht fetten. Die Fischfilets in mundgerechte Stücke teilen und leicht salzen. Den gekochten Reis, die unaufgetauten Broccoliröschen und den Fisch streifenweise in die Form geben.

3 Mit der Joghurtsauce übergießen und mindestens solange in den Kühlschrank stellen, bis Broccoli und Fisch aufgetaut sind.

4 Den Backofen auf 200° vorheizen. Den Auflauf im Backofen (Mitte, Umluft 180°) ca. 15 Min. backen. Den Auflauf mit den Pinienkernen oder Mandelblättchen bestreuen und weitere 15 Min. backen.

TIPP!

Zitronengras gibt es frisch in Asienläden oder getrocknet als Tee in Spezialläden. Es schmeckt zitroniger als Zitrone und ist weniger sauer. Getrocknet ist es eine tolle Würzreserve und Alternative zu Zitronensaft. Als Tee schmeckt Zitronengras ausgesprochen erfrischend.

Couscous-Auflauf

- Raffiniert
- Kinderleicht

Für 4 Portionen:

1 Packung Rahmspinat (300 g)
200 g Couscous
500 g passierte Tomaten (aus dem Tetrapack)
Salz · Pfeffer
Paprikapulver
200 g Hühnerbrustfilet
Sojasauce
100 g geriebener Emmentaler
Fett für die Form

Zubereitungszeit: 15 Min.
Backzeit: 30 Min.
Auftauzeit: 1 Std.

Pro Portion ca.: 419 kcal
29 g EW/15 g F/41 g KH

1 Den Spinat aus der Packung nehmen, in Stücke schneiden und antauen lassen. Das Couscous mit den Tomaten vermischen. Mit Salz, Pfeffer und Paprika kräftig würzen.

2 Das Hühnerbrustfilet in feine Streifen schneiden. Mit 2 EL Sojasauce vermischen. Den Rahmspinat grob zerteilen. Fleisch und Spinat vermischen.

3 Eine flache Auflaufform einfetten. Die Fleisch-Spinat-Mischung und das Tomaten-Couscous in die Form schichten. Mit dem Emmentaler bestreuen. Bis zum Backen abgedeckt in den Kühlschrank stellen.

4 Den Backofen auf 200° vorheizen. Den Auflauf im Backofen (Mitte, Umluft 180°) in 30 Min. backen.

TIPP!

Der Käse bleibt saftiger, wenn er erst 10 Min. vor Ende der Backzeit auf den Auflauf gestreut wird.

Im Bild vorne: Couscous-Auflauf
Im Bild hinten: Broccoli-Fisch-Gratin

Süßes zum Sattessen

Für die gesunde, schnelle Küche sind süße Hauptgerichte ideal, denn ihre Grundsubstanz besteht aus Getreide, Milchprodukten, Ei und Obst. Das sind Zutaten, die leicht verdaulich sind und gleichzeitig viel Kohlenhydrate, Eiweiß und Ballaststoffe liefern. Und der Zucker? Zusammen mit anderen Grundlebensmitteln in Maßen genossen, ist er sicher kein Problem und nimmt den Appetit auf ungesunde Süßigkeiten. Wer aber ganz gesund kochen möchte, sollte eine Flasche Agavendicksaft aus dem Bioladen oder Reformhaus im Kühlschrank haben. Der liefert eine neutrale, nährstoffreiche Süße und ist besonders für Milchprodukte und cremige Süßspeisen ideal.

Müsli – der gesunde, süße Sattmacher

Geben Sie Ihrer Familie als kalte Hauptmahlzeit einmal ein Müsli mit frischen Früchten, das kann eine warme Mahlzeit an Nährwert glatt ersetzen.

- Getreideflocken sind die Basis. Mischen Sie die Flocken mit tiefgekühltem Beerenmix, Trockenfrüchten, gehackten Nüssen oder Kernen und Fruchtjoghurt. Je mehr Nüsse Sie dazugeben, desto gehaltvoller wird der Mix, je mehr Obst Sie verwenden, desto leichter.
- Frisches Obst ist besonders gut, kostet aber durch Putzen und Zerkleinern etwas mehr Zeit.
- Wer Milchprodukte nicht verträgt, kann stattdessen Fruchtsaft, Kompott, Apfelmus oder fertige Fruchtsaucen dazugeben.

Schichtspeisen – ideal für Reste

Von den Italienern haben wir es übernommen: Obst, Gebäck und Creme im Wechsel eingeschichtet ergibt ein süßes Ganzes. Kuchen- und Keksreste im Tiefkühlfach sammeln, hart gefroren zerkrümeln und zum Einschichten verwenden. Oder aber Zwieback, Löffelbiskuit, Pfannkuchen, Makronen bzw. Amaretti einschichten. Auch fertige Wiener Tortenböden oder altbackene Croissants sind geeignet. Schwarzbrot oder Pumpernickel wird mit etwas geriebener Schokolade oder Kakaopulver »süß«. Obst, das Sie verwenden, sollte weich sein: Zitrusfrüchte, Beeren, mürber Pfirsich oder Steinobst bieten sich an. Aber auch Kompottfrüchte sind gut geeignet. Den Saft dann zum Süßen der Creme verwenden oder das eingeschichtete Gebäck damit beträufeln.
Als Creme eignet sich Quark mit Saft cremig gerührt. Magerquark mit geschlagener Sahne verfeinern – Schichtkäse und Sahnequark sind cremig genug. Auch Fruchtjoghurts und Puddings lassen sich verarbeiten. Die Mischung sollte cremig, aber nicht zu flüssig sein.

Dessert-Saucen aus Fertigprodukten

Eine süße Sauce macht aus Obst oder Eis ein tolles Dessert:

Was Kühlregal und Tiefkühlfach an Fruchtigem und Cremigem zu bieten haben, lässt sich blitzschnell in ein leckeres Dessert verwandeln.

- Verrühren Sie Vanillepudding aus dem Becher mit derselben Menge Flüssigkeit – halb Milch und halb Sahne.
- Schokoladenpudding mit derselben Mischung wie oben und zusätzlich mit 1 TL Instant-Kakaopulver und 2 EL Raspelschokolade verrühren.
- Für die fruchtige Variante: Rote Grütze mit derselben Menge schwarzem Johannisbeersaft mixen.
- Auch Zitroneneis mit 2–3 EL Kokosflocken schmeckt toll.
- Pflaumenmus mit derselben Menge Wasser und etwas Zitronensaft verrühren.

Desserts mit Schaum aus der Dose

Hier geht es um die Schlagsahne aus der Sprühflasche, die angebrochen im Kühlschrank oft ein trauriges Dasein fristet. Mit ihrer Hilfe lassen sich feine Blitzdesserts zaubern. Nachteil: der Schaum fällt schnell in sich zusammen.
Für eine Beerencreme mischen Sie doch einfach 500 g Beerenjoghurt mit derselben Menge tiefgekühlter Beeren Ihrer Wahl. Die entsprechende Menge Sahne dazusprühen, unterziehen und die Beerencreme in Gläser verteilen und servieren.
Für eine Schokomousse 2 Becher Schokoladenpudding mit 2 großen Kugeln Schokoladeneis verrühren, etwas bittere Raspelschokolade und 1 Tasse Sprühsahne unterziehen – eventuell mit Schokogeschmack. Schmeckt ganz toll auf Bananenstückchen oder zu Birnenkompott.
Für eine Zitronencreme etwa 250 g Zitroneneis mit derselben Menge Quark cremig rühren und noch einmal dieselbe Menge Sprühsahne unterziehen. Mit Waffeln servieren.
Für eine Jelly-Sahne 2 Becher Götterspeise Apfel- oder Zitronengeschmack mit Apfelraspel verrühren. Dafür 1–2 säuerliche Äpfel raspeln und mit etwas Zitronensaft beträufeln. Die beiden Becher mit Sprühsahne füllen und unterziehen. Mit Gummibärchen servieren.
Instant-Puddings sind im Nu erstarrt und servierfertig, wenn Sie als Einlage tiefgekühlte Beeren direkt aus dem Eis unterziehen.

Apfel-Frittata

- Preiswert
- Fürs Kinderfest

Für 4 Portionen:

1 kg kleine, säuerliche Äpfel (z. B. Boskoop oder Cox Orange)
6 Eier
3 EL Milch
150 g Schmand
1 Prise Salz
1 Prise Zimtpulver
100 g kernige Haferflocken
100 g Himbeerkonfitüre (oder rotes Johannisbeer-Gelee)
Fett fürs Backblech

Zubereitungszeit: 35 Min.

Pro Portion ca.: 547 kcal
16 g EW/26 g F/67 g KH

1 Den Backofen auf 250° vorheizen. Ein Backblech (am besten ein beschichtetes) sehr gut einfetten, in den Backofen schieben und in 3–4 Minuten heiß werden lassen.

2 Die Äpfel schälen, vom Kerngehäuse befreien und in Scheiben schneiden. Die Scheiben auf dem heißen Blech verteilen und im Backofen (oben, Umluft 200°) 5 Min. vorgaren.

3 Die Eier mit der Milch, dem Schmand, Salz und Zimt verquirlen. Die Eiermilch zwischen die Apfelscheiben gießen. Mit den Haferflocken bestreuen und in10 Min. fertig backen.

4 In jeden Ring einen Klecks Konfitüre oder Gelee füllen und heiß oder noch lauwarm servieren.

VARIANTEN

Statt Konfitüre oder Gelee in die Ringe zu setzen, können Sie den Pfannkuchen einfach mit Zimtzucker bestreuen.
Statt Äpfel 1 kg Rhabarber putzen und in Stücke schneiden. Unter die Eiermilch 1 EL Zucker, 40 g gelbe Rosinen und 1–2 EL Sesamsamen mischen.
Für die pikante Variante die Eiermilch mit 1/2 TL Salz, etwas Pfeffer und Muskat verrühren. Das Blech statt mit Apfelringen mit 300 g aufgetautem Blattspinat, 80 g Maiskörnern und 75 g Frühstücksspeck in dünnen Streifen belegen.

Kirsch-Milchreis-Gratin

- Kinderleicht
- Besonders schnell

Für 4 Portionen:

1 kleines Glas Schattenmorellen (720 g Inhalt)
75 g gemahlene Mandeln
50 g Grieß
1 Prise Zimtpulver
2 Eier
75 g gemischte Trockenfrüchte (ersatzweise Rosinen)
800 g Milchreis (aus dem Kühlregal)
200 g saure Sahne (10 %)
1 TL Zucker
Fett und Grieß für die Form

Zubereitungszeit: 15 Min.
Backzeit: 40 Min.

Pro Portion ca.: 534 kcal
15 g EW/23 g F/86 g KH

1 Die Kirschen abtropfen lassen, dabei den Saft auffangen. Den Kirschsaft mit den Mandeln, dem Grieß, dem Zimt und den Eiern verrühren. Die Kirschen unterheben und die Masse 5 Min. quellen lassen.

2 Inzwischen den Backofen auf 220° vorheizen. Die Trockenfrüchte hacken. Die getrockneten Früchte oder Rosinen vorsichtig unter die Kirschenmasse heben.

3 Eine Auflaufform einfetten und mit Grieß ausstreuen. Die Kirschen-Grieß-Masse und den Milchreis dachziegelartig in die Form geben. Die saure Sahne mit dem Zucker glatt rühren und auf dem Gratin verteilen.

4 Das Gratin im Backofen (Mitte, Umluft 200°) in 20 Min. überbacken.

TIPP!

Wenn Sie Zeit haben, können Sie den Milchreis auch selber kochen. 3/4 l Milch mit 3–4 EL Zucker aufkochen. 200 g Rundkornreis unterrühren und etwa 40 Min. quellen lassen, dabei öfters umrühren.

Im Bild vorne: Apfel-Frittata
Im Bild hinten: Kirsch-Milchreis-Gratin

Müsli-Birnen-Schmarren

- Preiswert
- Kinderleicht

Für 4 Portionen:

100 g Früchte-Müsli
1/8 l heiße Milch
3 Eier
60 g Mehl
2 EL Joghurt
1 Prise Salz
3 EL Zucker
Zimtpulver
2 Birnen
Butterschmalz zum Braten

Zubereitungszeit: 20 Min.

Pro Portion ca.: 362 kcal
11 g EW/16 g F/43 g KH

1 Das Früchte-Müsli mit der heißen Milch übergießen und quellen lassen, bis die restlichen Zutaten vorbereitet sind.

2 Die Eier trennen. Die Eigelbe mit Mehl, Joghurt, Salz, der Hälfte Zucker und 1 Prise Zimt cremig rühren.

3 Die Birnen schälen, vierteln und die Kerngehäuse entfernen. Die Birnen in kleine Stifte schneiden oder grob raspeln. Die Birnen mit dem Müsli unter die Eigelbmischung heben.

4 Die Eiweiße steif schlagen. Den Eischnee unter das Müsli-Eigelbgemisch heben.

5 In einer weiten Pfanne etwas Butterschmalz erhitzen und den Teig in das heiße Fett gießen. Den Pfannkuchen zugedeckt bei schwacher Hitze goldbraun braten. Die Oberseite ist in der Mitte noch feucht.

6 Den Pfannkuchen halbieren oder vierteln und wenden. Die Stücke mit zwei Gabeln zerpflücken und fertig braten. Den restlichen Zucker mit etwas Zimt mischen. Den Schmarren mit dem Zimtzucker bestreuen und gleich servieren.

TIPP!

An Stelle der Birnen schmecken auch 300 g gewürfelte Zwetschgen, Beeren oder 2 geraspelte Äpfel. Das Früchte-Müsli kann einfach durch eine Mischung aus 60 g Haferflocken und 40 g Rosinen ersetzt werden.

Quark-Grieß-Küchlein

- Preiswert
- Raffiniert

Für 4 Portionen:

3 Eier
40 g Zucker
1 Msp. Zitronenschalen-Aroma
500 g Magerquark
120 g Grieß
1 Msp. Backpulver
120 g feine Haferflocken
1 Prise Salz
80 g Rosinen
6–8 EL Milch
Butterschmalz zum Braten

Zubereitungszeit: 30 Min.

Pro Portion ca.: 581 kcal
27 g EW/22 g F/70 g KH

1 Die Eier mit dem Zucker und dem Zitronenschalen-Aroma cremig schlagen. Den Magerquark unterrühren.

2 Den Grieß mit dem Backpulver, den Haferflocken und dem Salz vermischen. Die Mischung nach und nach unter den Quark heben. Den Teig 10 Min. quellen lassen.

3 Die Rosinen mit heißem Wasser übergießen, waschen, sehr gut abtropfen lassen oder auf einem Küchentuch trocknen lassen. Die Rosinen unter den Teig heben. Den Teig mit etwas Milch weich rühren.

4 In einer großen Pfanne Butterschmalz erhitzen. Mit einem nassen Esslöffel mehrere Teigportionen in das heiße Fett setzen und flach drücken. Die Küchlein bei mittlerer Hitze von beiden Seiten goldbraun braten.

TIPP!

Die Küchlein möglichst heiß mit Kompott oder Zimtzucker bestreut servieren.

Im Bild vorne: Quark-Grieß-Küchlein
Im Bild hinten: Müsli-Birnen-Schmarren

Götterspeise

- Fürs Kinderfest
- Kinderleicht

Für 4 Portionen:

1 Packung Zitronen-Götterspeise (Instant)
75 g gehackte Mandeln
300 g tiefgekühlte Beeren-Mischung
600 g Milchreis (aus dem Kühlregal)
einige Minzeblättchen

Zubereitungszeit: 35 Min.

Pro Portion ca.: 237 kcal
9 g EW/11 g F/42 g KH

1 Im Gefrierschrank 4 große Gläser vorkühlen. Die Götterspeise mit 450 ml heißem Wasser nach Packungsanleitung zubereiten und abkühlen lassen.

2 Inzwischen die Mandeln in einer Pfanne ohne Fett rösten. Wenn sie zu duften beginnen, gleich aus der Pfanne nehmen.

3 Die unaufgetauten Beeren sofort unter die Götterspeise mischen.

4 Milchreis, Mandeln und Götterspeise schichtweise in die vorgekühlten Gläser füllen. Mit Milchreis beginnen und mit Mandeln abschließen.

5 Die Götterspeise 10 Min. im Kühlschrank gut durchkühlen lassen. Mit Minzeblättchen verziert servieren.

TIPP!

Wenn Sie den Milchreis selber kochen, 200 g Milchreis in je 1/4 l Milch und Wasser mit 1 Päckchen Vanillezucker bei schwacher Hitze 40 Min. ausquellen lassen. Dabei öfters umrühren, damit der Reis nicht anbrennt. Den Reis leicht abkühlen lassen. 100 g Sahne steif schlagen und mit 2–3 EL Zucker unterziehen.
Mit der neuen Speisestärke ohne Kochen gelingt das Dessert noch schneller. Verrühren Sie 1 kleines Glas Sauerkirschen mit 100 g tiefgekühlten Beeren und etwas von dieser Stärke. Die Grütze geliert sofort und kann eingeschichtet werden. Sie geliert allerdings nicht ganz, sondern bleibt cremig.

Zuppa Romana

- Fürs Kinderfest
- Kinderleicht

Für 4 Portionen:

500 ml Eiscreme (Pistazie, Schokolade, Joghurt, Stracciatella oder Vanille)
1 Dose Aprikosen (840 ml Inhalt)
100 g Zwieback
200 g Sahnequark
2 EL Schokostreusel

Zubereitungszeit: 10 Min.

Pro Portion ca.: 560 kcal
14 g EW/22 g F/79 g KH

1 Die Eiscreme leicht antauen lassen.

2 Inzwischen die Aprikosen abtropfen lassen, dabei den Saft auffangen. Den Zwieback grob zerbröseln. Die Eiscreme mit dem Quark cremig rühren.

3 In einer großen, eckigen Auflaufform die Eiscreme, die Aprikosenhälften, die Schokostreusel und den Zwieback dekorativ einschichten.

4 Den Zwieback mit etwas Aprikosensaft beträufeln. Den restlichen Saft anderweitig verwenden. Die oberste Schicht sollte Eiscreme sein. Die Zuppa Romana sofort servieren.

VARIANTEN

Besonders fruchtig wird die Zuppa Romana, wenn statt Milcheiscreme Fruchteis verwendet wird.
Für Zuppa Romana mit frischem Obst 500 g frische Früchte Ihrer Wahl putzen, eventuell in mundgerechte Stücke schneiden. Dann weiter verarbeiten wie oben beschrieben.
Fans der eher cremig-nussigen Linie schichten 125 g Löffelbiskuits, Nusseiscreme, Vanillejoghurt und 100 g blättrige Nüsse oder Mandeln in die Form.

Im Bild vorne: Zuppa Romana
Im Bild hinten: Götterspeise

Impressum

Redaktion: Stefanie Poziombka
Lektorat: Redaktionsbüro Maryna Zimdars, München
Layout, Typographie und Umschlaggestaltung: Heinz Kraxenberger
Satz und Herstellung: Verlagssatz Lingner
Produktion: Helmut Giersberg
Fotos: Reiner Schmitz
Reproduktion: Repro Schmidt, Dornbirn
Druck und Bindung: Kaufmann, Lahr
ISBN 3-7742-2001-8

Auflage 5. 4.
Jahr 04 2003

Dagmar von Cramm
ist Ernährungswissenschaftlerin und Mutter von drei Kindern. Seit vielen Jahren betreut sie für die Zeitschrift Eltern die Kochseiten. In zahlreichen Büchern widmet sie sich den Themen Ernährung und Gesundheit, vor allem in der Familie. Sie gewann zweimal den Journalistenpreis der Deutschen Gesellschaft für Ernährung und ist heute Mitglied des Präsidiums. Frau von Cramm ist außerdem regelmäßig im SWR als Spezialistin für Ernährungsfragen im Fernsehen zu sehen. Für GU hat sie zahlreiche Ratgeber zur richtigen Ernährung in Schwangerschaft, Stillzeit und fürs Baby verfasst.

Reiner Schmitz
begann seine berufliche Laufbahn in Düsseldorf und München als Assistent bei verschiedenen Food- und Stillife-Fotografen. 1989 machte er sich als Foto-Designer in diesen Spezialgebieten selbstständig. Die Fotos dieses Buches entstanden in Zusammenarbeit mit dem Koch und Foodstylisten Rudolf Vornehm.

Register nach Convenience-Produkten

In diesem Register sind alle Fertig- und Halbfertigprodukte, die in den Rezepten verwendet wurden, aufgelistet mit der Seitenangabe, wo Sie das Rezept finden. Die Produkte sind in 4 Gruppen unterteilt - je nach Konservierungsart - und dort alphabetisch sortiert.

Aus dem Kühlregal

Eingepackt und eingeschweißt

Aus der Tiefkühltruhe

Aus Dose und Glas

GASHERD-TEMPERATUR

Die Temperaturstufen bei Gasherden variieren von Hersteller zu Hersteller. Welche Stufe Ihres Herdes der jeweils angegebenen Temperatur entspricht, entnehmen Sie bitte der Gebrauchsanweisung.

ABKÜRZUNGEN

TL = Teelöffel
EL = Esslöffel
Msp. = Messerspitze

kcal = Kilokalorien
EW = Eiweiß
F = Fett
KH = Kohlenhydrate

Ihr Gräfe und Unzer Verlag
Redaktion Kochen
Postfach 86 03 25
81630 München
Fax: 089 / 4 19 81 - 103
e-mail:
leserservice@graefe-und-unzer.de